AF314748

THÉORIE GÉNÉRALE

DES

INSTRUMENTS A VENT

PAR

F. DESLÉONET

DOCTEUR EN MÉDECINE

Ancien élève de l'École normale

PARIS

ADRIEN DELAHAYE, LIBRAIRE-ÉDITEUR

PLACE DE L'ÉCOLE-DE-MÉDECINE, 23

1863

A M. PASTEUR

MEMBRE DE L'INSTITUT.

THÉORIE GÉNÉRALE

DES

INSTRUMENTS A VENT.

Une masse limitée de gaz peut être considérée, d'une manière générale, comme un instrument à vent, car mise en vibration d'une manière quelconque, elle est susceptible de produire ou de renforcer un son. — On conçoit, d'après cette définition, que le nombre des instruments à vent peut varier à l'infini, la masse limitée de gaz qui les constitue essentiellement pouvant recevoir toutes les formes possibles. Mais ayant à exposer la théorie générale des instruments à vent, nous ne décrirons pas toutes les formes que ces appareils peuvent recevoir ; nous nous bornerons à faire connaître ce que la science sait de général sur la production du son dans ces instruments.

Nous diviserons notre sujet de la manière suivante :

I. TUYAUX SONORES.

II. TUYAUX A ANCHE.

III. INSTRUMENTS DE MUSIQUE.

IV. APPAREIL VOCAL.

Tuyaux sonores.

Les tuyaux sonores sont de tous les instruments à
vent ceux où les lois de la production du son ont été le
mieux étudiées et sont le mieux connues.

Cas où la section est négligeable par rapport à la lon-
gueur. — Parmi les tuyaux sonores, nous considérerons
d'abord ceux où deux des dimensions sont négligeables
par rapport à la troisième. Dans ces tuyaux, l'étude des
mouvements de l'air a été faite par l'analyse et par l'expérience. Nous allons exposer l'ensemble de ces recherches.

D. Bernouilli, le premier, a donné la théorie des mouvements vibratoires de l'air dans les tuyaux dont la section est négligeable par rapport à la longueur. — Depuis, cette théorie a été complétée par les travaux
analytiques de Poisson, Euler, MM. Hopkins et Quet.

Théorie de Bernouilli. — Les développements analytiques dans lesquels nous allons entrer ont pour base les
deux équations suivantes :

Lorsqu'une masse fluide est comprise dans un cylindre infiniment étroit où les molécules n'éprouvent que
des déplacements très-petits et ne possèdent par conséquent jamais que des vitesses très-petites, on a, entre
la vitesse d'une molécule quelconque de la masse fluide
et condensation en ce point, les deux équations,

$$\frac{d^2\varphi}{dt^2} = a^2\, \frac{d^2\varphi}{dx^2} \qquad\qquad (1)$$

$$a^2\, \frac{d\gamma}{dx} + \frac{d^2\varphi}{dx\,dt} = 0. \qquad\qquad (2)$$

φ est une fonction de x et de t assujettie à avoir pour dérivée partielle par rapport à x la vitesse de la molécule située à la distance x de l'origine des coordonnées. γ représente la condensation au point considéré. — L'équation (1) donnant φ, l'équation (2) intégrée par rapport à x donnera γ. On voit que ces deux équations font connaître la vitesse et la condensation en un point quelconque de la masse fluide. Pour la démonstration de ces formules, nous renvoyons au *Traité de mécanique rationnelle* de M. Duhamel.

Cas des tuyaux fermés. — Soit d'abord le cas d'un tuyau cylindrique à parois très-résistantes et de diamètre très-petit relativement à la longueur; de plus, nous le supposerons fermer à l'une de ses extrémités. L'équation différentielle

$$\frac{d^2\varphi}{dt^2} = a^2 \frac{d^2\varphi}{dx^2}$$

lui est applicable. φ est telle que $\dfrac{d\varphi}{dx}$ représente la vitesse des molécules, et $-\dfrac{1}{a^2}\dfrac{d\varphi}{dt}$ la condensation au bout du temps t. On arrivera à la solution de la question, c'est-à-dire, à la détermination de φ, en combinant l'équation différentielle avec certaines conditions physiques où se trouve l'air du tuyau.

Bernouilli a admis les deux conditions suivantes :

1° À l'extrémité fermée, les vitesses des molécules en contact avec la paroi immobile sont constamment nulles.

2° A l'extrémité ouverte, la condensation du fluide est nulle et sa densité est égale à celle de l'atmosphère environnante.

Ces hypothèses admises, si l est la longueur du tuyau, on doit avoir,

$$\frac{d\varphi}{dx} = 0 \quad \text{pour} \quad x = l$$

$$\frac{d\varphi}{dt} = 0 \quad \text{pour} \quad x = 0.$$

La fonction φ doit satisfaire à l'équation différentielle et aux conditions réalisées aux extrémités du tuyau. Prenant

$$\varphi = (A \sin mt + B \cos mt)(M \sin nx + P \cos nx).$$

en posant $m = \pm an$ l'équation différentielle sera satisfaite. La fonction devient alors (il suffit de prendre le signe $+$)

$$\varphi = (A \sin ant + B \cos ant)(M \sin nx + P \cos nx),$$

d'où

$$\frac{d\varphi}{dt} = (A\, an \cos ant - B\, an \sin ant)(M \sin nx + P \cos nx)$$

$$\frac{d\varphi}{dt} = 0 \quad \text{pour} \quad x = 0 \quad \text{entraîne la condition} \quad P = 0,$$

ce qui réduit la fonction à

$$\varphi = (A \sin ant + B \cos ant) \sin nx.$$

$$\frac{d\varphi}{dx} = (A \sin ant + B \cos ant)\, n \cos nx$$

Pour qu'elle satisfasse à la condition

$$\frac{d\varphi}{dx} = 0 \quad \text{pour} \quad x = l,$$

il faut que le cos $nl = 0$ ou $nl = (2k + 1)\dfrac{\pi}{2}$, k étant un nombre entier quelconque.

La fonction

$$\varphi = \left| A\sin(2k+1)\frac{\pi}{2}\frac{at}{l} + B\cos(2k+1)\frac{\pi}{2}\frac{at}{l} \right| \sin(2k+1)\frac{\pi x}{2l}$$

satisfera aux conditions physiques des extrémités du tube, et aussi à l'équation différentielle. Du reste, une somme d'équations de ce genre y satisfera également, par conséquent l'expression la plus générale de la solution sera

$$\varphi = \Sigma \left(A\sin(2k+1)\frac{\pi}{2}\frac{at}{l} + B \dots \right) (\sin 2k + 1)\frac{\pi x}{2l}.$$

on démontre facilement qu'il suffit de donner à k des valeurs positives.

Exprimons les conditions initiales

$$\text{pour} \quad t = 0 \quad \varphi \begin{cases} \dfrac{d\varphi}{dx} = \Sigma B \dfrac{(2k+1)\pi}{2l} \cos\dfrac{(2k+1)\pi x}{2l} \\[2ex] \dfrac{d\varphi}{dt} = \Sigma A \dfrac{(k+1)\pi a}{2l} \sin\dfrac{(2k+1)\pi x}{2l} \end{cases} \quad (\alpha).$$

$\left(\dfrac{d\varphi}{dx}\right)_{t=0}$ et $\left(\dfrac{d\varphi}{d+}\right)_{t=0}$ sont deux fonctions de x. Entre 2 limites une fonction de x peut toujours être exprimée par une fonction de la nature de celles (α). La fonction proposée φ suffira donc à la représentation des conditions initiales, et par cette représentation on déterminera les termes de cette somme qui ont une valeur sensible.

Quel que soit le nombre de ces termes ou leur nature, la valeur de φ sera périodique, et t variant de la quantité T représentée par l'équation

$$\frac{(2k+1)\pi a T}{2l} = 2\pi$$

quel que soit k, la fonction φ reprendra la même valeur aux époques T, 2T...

Donnant à k la valeur 0, qu'il existe ou non un terme correspondant dans la série; alors

$$\frac{\pi a T}{2l} = 2\pi \quad \text{d'où} \quad T = \frac{4l}{a}.$$

Les périodes correspondant aux autres termes seront des sous-multiples impairs d'une période qui conviendrait au mouvement total si le premier terme existait seul. Donc si T varie de $\frac{4l}{a}$ tous les termes reprennent la même valeur.

Si tous les facteurs $2k+1$, $2k+1$..., etc., sont premiers entre eux, $\frac{4l}{a}$ sera le temps d'une vibration complète, s'ils ont un facteur commun $(2p+1)$ tel que

$$2k+1 = (2p+1)(2q+1).$$

Dans ce cas si on fait croître t de $\frac{4l}{a} \cdot \frac{1}{2p+1}$ tous les termes reprennent la même valeur, telle est donc la durée de la période, elle est toujours un sous-multiple impair de $\dfrac{4l}{a}$.

Le nombre des vibrations est en raison inverse de la durée de la vibration et est proportionnel à

$$\frac{a}{4l}(2p+1)$$

c'est-à-dire à la vitesse du son et en raison inverse de la longueur de l'ébranlement primitif. Le plus petit nombre de vibrations possible sera $\dfrac{a}{4l}$. Il correspond au son le plus grave du tuyau, au son fondamental.

Dans le cas particulier où φ n'aurait qu'un seul terme, la période du son serait $\dfrac{4l}{a}$, mais ce son peut coexister avec une autre période différente. Or la série de ces sons coexistant varie avec l'ébranlement initial, et il peut se faire qu'à des ébranlements initiaux différents correspondent des vibrations totales identiques.

Ainsi la théorie rend compte du son fondamental, des harmoniques et des différents timbres du son suivant le mode d'embouchure (*).

(*) *Détermination des constantes* A, B. — Voyons maintenant comment on détermine les constantes A et B que renferme la fonction φ. Pour cela, nous allons exprimer qu'elle satisfait aux conditions initiales de vitesse et de condensation.

Posons

$$\left(\frac{d\varphi}{dx}\right)_{t=0} = \psi(x) \quad \left(\frac{d\varphi}{dt}\right)_{t=0} = \chi(x),$$

Les différents coefficients étant calculés, la somme des produits pour lesquels A et B ont des valeurs sensibles représentera le mouvement, car cette somme satisfera à toutes les conditions posées.

---

on aura les équations

$$\psi(x) = \Sigma \frac{(2k+1)\pi}{2l}\, B\cos\frac{(2k+1)\pi x}{2l}$$

$$\chi(x) = \Sigma \frac{(2k+1)\pi}{2l}\, A\sin\frac{(2k+1)\pi x}{2l}$$

k peut prendre toutes les valeurs possibles entières et positives.

Cherchons la valeur des coefficients qui correspond à une valeur de k donnée et égale à p.

Calculons d'abord B. Pour cela, multiplions les deux membres de la première équation par $\cos\dfrac{(2p+1)}{2l}\pi x$ et par dx, puis intégrons entre 0 et l, il vient

$$\int_0^l \psi(x)\cos\frac{(2p+1)}{2l}\pi x\, dx = \int_0^l \cos\frac{2p+1}{2l}\pi x\, \Sigma\left(\frac{2k+1}{2l}\pi B\cos\frac{2+k1}{2l}\pi x\right) dx.$$

Le second membre est une somme de produits de cosinus de la forme

$$\cos\frac{2p+1}{2l}\pi x\, \cos\frac{2q+1}{2l}\pi x,$$

où p est une constante, et q variant avec le terme qu'on envisage. Ce produit peut se remplacer par une somme de lignes trigonométriques, et le second membre de l'équation devient

$$\int_0^l B\cos 2(p-q)\frac{\pi x}{2l}\, dx + \int_0^l B\cos 2(p+q+1)\frac{\pi x}{2l}\, dx$$

entre les limites considérées, ces intégrales sont nulles, sauf le cas où la décomposition du produit de cosinus donnerait un résultat illusoire, c'est-à-dire quand $p = q$; mais alors

$$\int_0^l B\cos^2(2p+1)\frac{\pi x}{2l}\, dx$$

Il est facile d'en conclure qu'un même son peut résulter d'un nombre infini d'états initiaux divers. En effet, si par exemple, les valeurs de k pour lesquelles A et B ou l'un d'eux ont des valeurs sensibles ne donnent aucun facteur commun aux binômes $ap + 1$, $2q + 1$, l'état vibratoire de la masse gazeuse ne deviendra le même au point de départ qu'après le temps

$$T = \frac{4\,l}{a}$$

et ce temps sera la période du mouvement vibratoire. Cette période ne dépend que des dimensions du tuyau et non des valeurs de k adoptées. Donc à une infinité d'états initiaux soumis à la seule condition de donner à k des valeurs telles que les binômes $2k + 1$, soient premiers entre eux, correspond un mouvement vibratoire différent dans sa nature, mais non dans la durée de sa période, c'est-à-dire dans la hauteur du son fondamental du

---

ne peut être nulle, car les éléments sont tous de même signe que B. Cette intégrale se calcule facilement :

$$2 \cos^2 a = 1 + \cos 2a.$$

donc

$$\int_0^l B \cos^2 (2p + 1) \frac{\pi x}{2l}\, dx = \left\{ \frac{l}{2} + \frac{1}{2} \left(\frac{l \sin (2p + 1) \frac{\pi x}{2l}}{(2p + 1)\pi} \right)_0^l \right\} B = B \frac{l}{2}.$$

Donc enfin $\dfrac{Bl}{2} = \displaystyle\int_0^l \psi(x) \cos (2p + 1) \frac{\pi x}{2l}\, dx$, d'où l'on tirera la valeur de B.

On calculera de même B_1, B_2, etc., et aussi A_1, A_2, etc., par des méthodes tout à fait semblables.

tuyau. Les mêmes observations peuvent être répétées au sujet d'un harmonique quelconque.

Cas des tuyaux ouverts aux deux bouts. — Tuyau ouvert aux deux bouts.

Le seul changement à faire à la théorie précédente, pour qu'elle s'applique au cas d'un tube ouvert à ses deux bouts, consiste à y introduire la condition $\dfrac{d\varphi}{dt} = 0$, pour $x = l$, quel que soit t, à la place de la condition $\dfrac{d\varphi}{dx} = 0$ dans les mêmes circonstances.

Nous passerons immédiatement à la seule différence importante que ce changement amène, elle est relative à la loi des harmoniques.

Dans le cas d'un tuyau fermé, le facteur commun aux binomes $2k + 1, \ldots\ldots$ étant nécessairement de la même forme, c'est-à-dire un nombre impair, les périodes des différents harmoniques possibles étaient données par la formule $\dfrac{hl}{a(2k + 1)}$ où k prenait toutes les valeurs entières, mais le facteur numérique du dénominateur demeurait forcément un nombre impair.

Pour un tuyau ouvert, il n'en est plus de même, car

$$\frac{d\varphi}{dt} = an \, (\mathrm{A} \cos ant - \mathrm{B} \sin ant) \sin nx$$

$\dfrac{d\varphi}{dt}$ devant être nul quel que soit t pour $x = l$, donc

$$\sin al = 0, \quad nl = k\pi$$

où k prendra toutes les valeurs entières et positives comme dans le cas précédent. Mais le plus grand commun diviseur entre deux nombres entiers quelconques est un nombre entier aussi quelconque, donc les périodes des différents sons que pourra rendre le tuyau sont comprises dans la formule

$$\frac{2l}{ka}$$

Le nombre de vibrations étant en raison inverse de la durée de la vibration sera proportionnel à

$$\frac{a}{2l}k.$$

Les harmoniques rendus par un tuyau ouvert sont donc représentés par la série des nombres naturels. Le plus petit nombre de vibrations que puisse exécuter le tuyau sera $\frac{a}{2l}$. Il correspond au son fondamental. Nous avons vu que le nombre de vibrations qui correspond au son fondamental d'un tuyau fermé est $\frac{a}{4l}$. Le son fondamental d'un tuyau fermé est donc l'octave grave d'un tuyau ouvert de même longueur.

La théorie que nous venons d'exposer pouvait rester en dehors des conditions générales d'expérience, car elle suppose un seul ébranlement initial ; cependant elle peut s'étendre au cas de la pratique. Supposons, en effet, qu'il existe à l'origine du tuyau une cause capable d'en tretenir le mouvement de la tranche initiale. Au bout d'un certain temps « l'onde partie de l'embouchure A se réfléchit une première fois à l'extrémité B (ouverte ou fermée), et

l'interférence du mouvement direct avec le mouvement réfléchi tend à produire le système de nœuds ou de ventres fixés dont il a été question plus haut. Mais l'onde réfléchie en B se réfléchit de nouveau en A et peut être considérée comme une nouvelle onde directe engendrant à son tour une nouvelle onde réfléchie, et ainsi de suite. Si l'état de l'onde réfléchie successivement en B et en A est identique à celui de l'onde directe, il résultera de son interférence avec l'onde réfléchie successivement en B, A et B, un mouvement identique à celui qui résulte de l'interférence de l'onde directe avec l'onde réfléchie une seule fois en B ; on en pourra dire autant de l'interférence de l'onde réfléchie quatre fois successivement en B, A, B et A avec l'onde réfléchie cinq fois successivement en B, A, B, A et B, et ainsi de suite. Tous les mouvements étant concordants, leurs vitesses et leurs condensations s'ajouteront, et si les ondes réfléchies étaient réellement égales en intensité aux ondes directes, l'accroissement du son n'aurait pas de limite. Mais la transmission partielle des vibrations à l'atmosphère extérieure implique un affaiblissement sensible à chaque réflexion. La superposition d'un nombre indéfini de mouvements concordants, mais d'amplitude indéfiniment croissante donne ainsi naissance à un son dont l'intensité ne peut croître au delà d'une certaine limite, et on doit regarder cette limite comme sensiblement atteinte au bout d'un temps très-court, si la longueur du tuyau est peu considérable relativement à la vitesse de propagation du son. Il est clair d'ailleurs que si les effets de la deuxième, de la quatrième......, etc., ondes réfléchies, ne concordent pas avec ceux de l'onde directe, l'intensité du son sera moindre. Cette condition de concordance détermine donc la série de sons caractéristiques d'un tuyau donné. » (Cours de l'École polytechnique.)

La théorie s'applique donc au cas usuel, et fait concevoir qu'un tuyau pourra, suivant les circonstances, renforcer ou ne pas renforcer un son. Ce qui concorde avec l'observation. Cependant les hypothèses admises par Bernouilli, et qui servent de base à la théorie ne sont pas rigoureusement exactes. Si elles l'étaient, le mouvement vibratoire résultant d'un état initial quelconque se conserverait indéfiniment, et dans le tuyau, la somme des forces vives resterait constante, donc on n'entendrait pas le son en dehors de lui. D'ailleurs la source produisant à chaque instant de nouveaux mouvements, il y aurait accroissement indéfini de force vive ; on arriverait donc à produire dans l'intérieur du tuyau un son d'une intensité infinie qui serait insensible au dehors. De plus si ce mouvement venait à cesser à l'origine, le tuyau devrait constamment s'entretenir identique à lui-même. Deux conséquences également fausses.

Théorie de Poisson. — Si on peut, sans grande er-

reur, regarder la vitesse comme nulle au fond du tuyau ;
on ne peut pas admettre que la condensation soit nulle
à l'orifice. Aussi Poisson, pour approcher davantage
de la réalité, a supposé *que le rapport de la condensation
à la vitesse avait à l'origine une valeur petite mais finie.*
En partant de cette hypothèse, il a été conduit à une
théorie qui, comme nous allons le voir, rend bien mieux
compte des faits.

Prenons une autre forme de solution de l'équation différentielle :

$$u = f(x - at) + F(x + at)$$
$$a\eta = f(x - at) - F(x + at)$$

u est la vitesse, η la condensation, f et F sont les dérivées de deux fonctions f_1 et F_1 dont la somme φ est l'intégrale générale de l'équation différentielle du problème.

À l'instant initial, on a

$$f(x) + F(x) = \varphi(x)$$
$$f(x) - F(x) = \chi(x)$$

Les fonctions φ et χ ne sont déterminées que de o à l.
Introduisons maintenant la condition relative aux extrémités. Soit b la valeur du rapport de la condensation
à la vitesse que nous avons admis à toute époque

$$\frac{f(l - at) - F(l + at)}{f(l - at) + F(l + at)} = b$$

Dans le mouvement propagé en sens inverse, on sait
que le rapport de la condensation à la vitesse est égal et

de signe contraire, donc

$$\frac{f(-at) - F(at)}{f(-at) + F(at)} = -b$$

La variable n'entrant que dans $at = y$, on a les deux relations

$$f(l - y) - F(l + y) = b \left\{ f(l - y) + F(l + y) \right\}$$

$$f(-y) - F(y) = b \left\{ f(-y) + F(y) \right\}$$

Ces deux équations ne sont pas identiques ni incompatibles *à priori* : elles déterminent l'une des fonctions en fonction de l'autre, et en outre imposent aux fonctions une condition qui en restreint la généralité. Dans le cas actuel la condition est une sorte de périodicité accompagnée d'une diminution dans la valeur.

Cherchons en effet la relation entre les deux valeurs de f, il suffira évidemment d'éliminer F, ce qui sera facile en faisant dans la seconde $y = l + y$. Elle deviendra

$$f(-y - l) - F(l + y) = -b \left\{ f(-y - l) + F(y + l) \right\}$$

d'où

$$F(l + y) = \frac{1 + b}{1 - b} f(-y - l)$$

d'ailleurs

$$F(l + y) = \frac{1 - b}{1 + b} f(l - y)$$

donc

$$f(l - y) = \left(\frac{1 + b}{1 - b} \right)^2 f(-l - y)$$

posons — $y = x + l$, il vient

$$f(x) = \left(\frac{1-b}{1+b}\right)^s f(x + 2l).$$

Donc si après avoir fait passer la variable de x à $x + 2l$, on la fait passer de $x + 2l$ à $x + 4l$, la fonction reprendra la même valeur que pendant la première période, et ainsi de suite pendant les périodes successives.

On trouverait de même

$$F(x) = \left(\frac{1+b}{1-b}\right)^s F(x + 2l).$$

Soit u_0 la vitesse qui correspond à un état initial; au bout du temps $t = 2l$, on aura

$$u_{2l} = f(x - 2l) + F(x + 2l)$$
$$f(x - 2l) = \left(\frac{1-b}{1+b}\right)^s f(x)$$
$$F(x + 2l) = \left(\frac{1-b}{1+b}\right)^s F(x)$$

donc

$$u_{2l} = \left(\frac{1-b}{1+b}\right)^s \{ f(x) + F(x) \} = \left(\frac{1-b}{1+b}\right)^s u_0$$

on trouverait de même la condensation.

Quel que soit b, la valeur absolue de $b + 1$ est toujours plus grande que celle de $1 - b$. Donc les vitesses vont en diminuant graduellement, et par suite le son s'éteindra lorsqu'il ne sera pas entretenu par une cause permanente.

On peut considérer le mouvement de l'air dans les tuyaux d'une manière plus conforme à ce qui se passe en réalité. Supposons une cause qui produise un état vibratoire, ce mouvement se réfléchissant à l'extrémité du tuyau, examinons les effets de la superposition de ces divers mouvements réfléchis sur le mouvement direct.

Dans l'explication élémentaire du phénomène, on a l'habitude de dire qu'à tout orifice correspond un maximum de vitesse parce que la résistance d'une atmosphère ouverte en tous sens est moindre que celle d'une couche limitée dans certaines parties par une paroi solide. On adopte en outre l'hypothèse de Bernouilli. Cela posé, si le fond du tuyau est fermé, on sait que les vitesses et les condensations du mouvement réfléchi sont égales et contraires à celles du mouvement direct. Si donc la longueur du tuyau est égale à un nombre impair de demi-longueurs d'onde, il y aura à l'origine un maximum de vitesse et une condensation nulle. Si, au contraire, on suppose l'extrémité du tuyau ouverte dans le mouvement réfléchi, les vitesses garderont leur signe et les condensations changeront le leur, donc si la longueur du tuyau est égale à un nombre pair de demi-longueurs d'onde, il pourra y avoir un ventre à l'origine et un ventre à l'orifice. Comme cette condition doit être réalisée, tel sera l'état vibratoire du système.

L'effet du renforcement s'explique non moins aisément : après être revenu à l'origine, le son réfléchi une première fois, s'y réfléchit de nouveau sans perdre de son intensité, et ce son réfléchi est égal au son initial qui l'a produit ; il va donc produire une onde réfléchie à l'autre bout, laquelle, en se superposant à lui, donnera un état identique à celui qui résulte de la superposition de la première onde directe et de la première onde réfléchie, et ainsi de suite, en groupant deux par deux les mouvements directs et réfléchis.

Cette nouvelle théorie, plus complète que celle de Bernouilli, est encore insuffisante, et on peut lui donner plus de rigueur.

Admettons à l'origine du tuyau une cause de mouvement, qui seule serait capable de donner un son : ce mouvement subira une infinité de réflexions aux deux extrémités du tuyau, et nous supposerons que, dans le cas où l'obstacle est une atmosphère indéfinie de gaz identique à celui du tuyau, le rapport de la vitesse à la condensation est très-grand et constant à la surface de séparation des deux milieux.

Soit à l'origine un mouvement vibratoire périodique que nous supposerons décomposé en mouvements plus simples, et on pourra toujours choisir ces mouvements composants tels qu'ils soient représentés par un sinus, car, dans des limites données, une fonction périodique quelconque peut toujours être représentée par une somme de sinus accompagnés de coefficients convenables en nombre fini.

Considérons le cas d'un tuyau ouvert.

Soit

$$V = \alpha \sin 2\pi \frac{t}{T}$$

la vitesse de ces mouvements. Elle se propage dans

le tuyau, et à une distance x,

$$V = \alpha \sin 2\pi \left(\frac{t}{T} - \frac{x}{\lambda} \right)$$

à l'orifice, c'est-à-dire à la distance l,

$$V = \alpha \sin 2\pi \left(\frac{t}{T} - \frac{l}{\lambda} \right).$$

Soit en ce point b le rapport de la condensation à la vitesse, la vitesse du mouvement réfléchi sera

$$\frac{1-b}{1+b} \alpha \sin 2\pi \left(\frac{t}{T} - \frac{l}{\lambda} \right)$$

pour $x = l$; et quand le mouvement réfléchi passera en x, la vitesse sera

$$\frac{1-b}{1+b} \alpha \sin 2\pi \left(\frac{t}{T} - \frac{l}{\lambda} - \frac{l-x}{\lambda} \right) = \frac{1-b}{1+b} \alpha \sin 2\pi \left(\frac{t}{T} - \frac{2l-x}{\lambda} \right)$$

et à l'origine

$$\frac{1-b}{1+b} \alpha \sin 2\pi \left(\frac{t}{T} - \frac{2l}{\lambda} \right)$$

nouvelle réflexion en ce point, et quand il repassera à la distance x la nouvelle vitesse du mouvement sera

$$\left(\frac{1-b}{1+b} \right)^2 \alpha \sin 2\pi \left(\frac{t}{T} - \frac{2l+x}{\lambda} \right)$$

et ainsi de suite jusqu'à un terme qui correspond à la dernière réflexion du son avant l'instant que l'on considère.

La vitesse résultante est la somme de ces termes en nombre fini ; mais remarquons qu'ils forment une série décroissant très-rapidement, et qu'ils ont pour coefficients $\left(\dfrac{1-b}{1+b}\right)^2$ quantité plus petite que 1 et voisine de son minimum puisque $b < 1$. On pourra donc sans erreur sensible, après un temps suffisamment long, considérer la vitesse comme la somme d'un nombre infini de termes de la série, et l'on aura

$$\frac{u}{\alpha} = \sin 2\pi \left(\frac{t}{T} - \frac{x}{\lambda}\right) + \sin 2\pi \left(\frac{t}{T} - \frac{x+2l}{\lambda}\right) \left(\frac{1-b}{1+b}\right)^2 + \ldots$$

$$+ \frac{1-b}{1+b} \sin 2\pi \left(\frac{t}{T} - \frac{2l-x}{\lambda}\right)$$

$$+ \left(\frac{1-b}{1+b}\right)^3 \sin 2\pi \left(\frac{t}{T} - \frac{4l-x}{\lambda}\right) + \ldots$$

Cette somme peut s'effectuer par parties en sommant séparément les termes des deux lignes.

Posons

$$2\pi \left(\frac{t}{T} - \frac{x}{\lambda}\right) = y \qquad 4\pi \frac{l}{\lambda} = z$$

$$2\pi \left(\frac{t}{T} + \frac{x}{\lambda}\right) = s \qquad \frac{1-b}{1+b} = e$$

on a alors

$$\frac{u}{\alpha} = \sin y + e^2 \sin (y - z) + e^4 \sin (y - 2z) + \ldots$$

$$+ e \sin (s - z) + e^3 \sin (s - 2z) + \ldots$$

En sommant ces séries au moyen des puissances imaginaires, on arrive à la formule

$$\frac{u}{\alpha} = \frac{\sin y + e^3 \sin(y+z)}{1 - 2e^3 \cos z + e^6} + \frac{e \sin(s-z) - e^3 \sin s}{1 - 2e^2 \cos z + e^3}$$

Cette formule est finie, périodique, parce qu'elle ne contient la variable que sous un signe fonctionnel périodique; sa durée et sa période sont celles de y ou celles du mouvement vibratoire qui a lieu à l'origine. Donc un son quelconque produit à l'extrémité d'un tuyau, propage dans ce tuyau un mouvement concordant avec lui. Si l'air du tuyau avait un mouvement initial, il y a superposition, mais l'effet de ce mouvement initial disparaît rapidement.

Ce que nous venons de dire s'appliquant à chacun des mouvements partiels dans lesquels on peut décomposer le mouvement donné, s'applique à ce mouvement lui-même. Mais parmi tous les sons simples qu'on pourra produire à l'origine du tuyau, tous ne seront pas également renforcés par la présence du tuyau; pour s'en convaincre, il suffira de calculer l'intensité du son dont nous venons de calculer la vitesse.

Pour cela, nous rappellerons que la vitesse de vibration d'un son qui résulte de la superposition de plusieurs autres étant mise sous la forme

$$A \cos. 2\pi \frac{t}{T} + B \sin 2\pi \frac{t}{T}$$

l'intensité de ce son est donnée par la somme $A^2 + B^2$.

En effectuant les calculs qui sont longs, et que pour

cela nous ne reproduirons pas, on trouve

$$I^2 = x^2 \; \frac{1 - (1-b)^2 \sin^2 2\pi \frac{l-x}{\lambda}}{4b^2 + (1-b)^2 \sin^2 2\pi \frac{l}{\lambda}}$$

Cette expression montre que l'intensité est variable avec les différents points du tuyau. Pour l'orifice

$$I^2 = \frac{1}{4b^2 + (1-b)^2 \sin^2 2\pi \frac{l}{\lambda}}$$

pour l'origine

$$I^2 = \frac{1 - (1-b)^2 \sin^2 2\pi \frac{l}{\lambda}}{4b^2 + (1-b)^2 \sin^2 2\pi \frac{l}{\lambda}}$$

Il est facile de voir que ces deux fonctions sont en même temps *maxima* ou *minima*, car la fonction de λ est la même dans les deux. Dans l'une elle existe dans les deux termes, dans l'autre elle ne se trouve qu'au dénominateur. Mais comme elle est précédée du signe — au numérateur, et qu'elle est par elle-même incapable de changer de signe, toute variation de cette fonction de λ produira dans les deux expressions un effet de même sens.

L'intensité du son perçu sera maximum, si $\sin^2 2\pi \frac{l}{\lambda}$, est minimum ou nul, c'est-à-dire si

$$l = K \frac{\lambda}{2}$$

Elle sera minimum si

$$l = (2K + 1)\frac{\lambda}{4}$$

Dans le premier cas le son sera beaucoup renforcé, et très-peu dans le second.

L'importance de la différence d'effet dans chacun des deux cas, tient à ce que b quoique fini est très-petit, car dans le cas du maximum, le dénominateur de la valeur de I^2 est $4b^2$; b étant très-petit par rapport à 1, $4b^2$ l'est encore davantage, la valeur de I est donc considérable. — Dans le cas du minimum, le dénominateur est $4b^2 + (1 - b)^2$, b étant très-petit, $(1 - b)^2$ diffère très-peu de 1, et à *fortiori* $4b^2 + (1 - b)^2$, par conséquent la valeur de I sera peu considérable.

Cette théorie qui peut être considérée comme la véritable théorie des tuyaux sonores, s'applique avec le même succès au cas d'un tuyau fermé.

Détermination des nœuds et des ventres. — Les théories précédentes conduisent toutes aux mêmes conséquences. Nous pouvons donc nous servir indifféremment de l'une ou de l'autre pour la détermination des nœuds ou des ventres, c'est-à-dire des points où la vitesse est maximum ou minimum. — Prenons la théorie de Bernouilli.

Changeons, dans l'expression de la vitesse, les coordonnées de manière à porter leur origine à l'extrémité du tuyau que nous supposerons fermé.

On a

$$u = \frac{d\varphi}{dx} = \psi(t)\cos\frac{(2n+1)\pi(l-x)}{2l} = \psi(t)\sin(2n+1)\frac{\pi x}{2l}$$

Le mouvement vibratoire sera nul, et il y aura un nœud aux points pour lesquels

$$(2n + 1) \frac{\pi x}{2l} = k\pi$$

d'où

$$x = \frac{2Kl}{2n + 1}$$

ce sera donc aux points

$$x = 0, \quad x = \frac{2l}{2n + 1}, \quad x = \frac{4l}{2n + 1}.$$

Le mouvement sera maximum et il y aura ventres si

$$(2n + 1) \frac{\pi x}{2l} = (2k + 1) \frac{\pi}{2}$$

$$x = \frac{(2k + 1)l}{2n + 1}$$

les ventres correspondent donc aux valeurs

$$x = \frac{l}{2n + 1}, \quad x = \frac{3l}{2n + 1}, \quad x = \frac{5l}{2n + 1}.$$

Pour le son simple qui correspond à $n = 0$, on aura un nœud au point

$$x = 0$$

et un ventre au point

$$x = l$$

Pour le son simple $n = 1$, les nœuds seront aux

points

$$x = 0, \quad x = \frac{2}{3}l$$

et les ventres aux points

$$x = \frac{1}{3}l, \quad x = l.$$

En continuant on verrait que le premier nœud et le dernier ventre coïncident dans tous les mouvements simples, donc ils occuperont la même position dans le mouvement résultant.

Mais s'il n'y a dans le son considéré que des mouvement simples pour lesquels les nombres $(2n + 1)$ sont premiers entre eux, il n'y aura aussi qu'un seul nœud et un seul ventre dans le mouvement résultant.

Soient, en effet, deux sons définis par les deux nombres $2n + 1$, $2n' + 1$, qu'on suppose premiers entre eux. Les nœuds du premier sont à des distances du fond égales à des multiples pairs de $\dfrac{1}{2n + 1}$; et ceux du second à des distances égales à des multiples pairs de $\dfrac{1}{2n' + 1}$. Or, en multipliant deux nombres premiers par la série des nombres pairs, on ne peut trouver d'autres produits égaux que lorsque le nombre pair est 0, ce qui donne le nœud du fond. Pour les ventres, il y en aura deux de superposés, ceux donnés par le produit de $\dfrac{l}{2n + 1}$ par $2n + 1$, et de $\dfrac{l}{2n' + 1}$ par $2n' + 1$. Ce sont ceux situés à l'entrée; il n'y en aura pas d'autres.

Donc, toutes les fois qu'un tuyau rend son son fondamental, quelle qu'en soit l'origine, le fond est un nœud et l'embouchure un ventre.

Supposons que les divers mouvements simples correspondent à des multiples d'un même nombre ou de la forme $(2p+1)(2q+1)$, p étant constant, et q variable avec le son simple considéré.

On a

$$u = \varphi(t) \sin(2p+1)(2q+1)\frac{\pi x}{2l}.$$

Les positions des nœuds et des ventres sont
nœuds

$$x = 0, \qquad \frac{2l}{(2p+1)(2q+1)}, \qquad \frac{4l}{(2p+1)(2q+1)} \cdots$$

ventres

$$x = \frac{l}{(2p+1)(2q+1)}, \qquad \frac{3l}{(2p+1)(2q+1)} \cdots$$

cherchons parmi les ventres celui dont l'abscisse est indépendante de q. Le $q^{\text{ième}}$ a pour abscisse

$$\frac{(2q+1)l}{(2p+1)(2q+1)} = \frac{l}{2p+1}$$

Ce sera donc un ventre commun à tous les sons simples considérés. — De même pour celui d'ordre $3q+1$ qui sera à une distance de l'origine égale à $\dfrac{3l}{2p+1}$.

Cherchons la formule générale qui donne la position d'un ventre commun. La position d'un ventre à l'origine est en général déterminée par la formule

$$(2p + 1)(2q + 1) \frac{\pi x}{2l} = (2k + 1) \frac{\pi}{2}$$

d'où

$$x = \frac{(2k + 1)l}{(2p + 1)(2q + 1)}$$

ou k représente un nombre entier quelconque, et $k + 1$ l'ordre de ce ventre dans la série de ceux qui correspondent au son $(2p + 1)(2q + 1)$. Les ventres communs sont caractérisés par la condition que le second membre de cette formule soit indépendant de q. On doit donc avoir, n étant un nombre entier quelconque

$$2k + 1 = (2n + 1)(2q + 1)$$
$$k = \frac{(2n + 1)(2q + 1) - 1}{2}$$
$$k + 1 = q + 1 \cdot n(2q + 1)$$

expression qui donne le numéro d'ordre des ventres communs parmi ceux du son simple $(2p + 1)(2q + 1)$. — La distance de ces ventres à l'origine est donnée par la formule

$$x = \frac{(2n + 1)l}{2p + 1}$$

et leur numéro d'ordre est $n + 1$ dans la série des ventres communs.

Ces ventres n'existeront qu'autant que l'on aura

$$\frac{2n + 1}{2p + 1} \leq 1$$
$$n \leq p \quad \text{et} \quad n + 1 \leq p + 1$$

leur nombre est donc égal à $p + 1$.

Les divers mouvements simples correspondant à des multiples d'un même nombre $(2p + 1)$ auront donc $p + 1$ ventres communs, et un seul nœud à l'extrémité fermée. Il pourra exister d'autres nœuds, mais leur présence n'est pas nécessaire.

Examinons le cas d'un tuyau ouvert. On a alors

$$u = \varphi(t) \cos \frac{n\pi x}{l}.$$

Les ventres correspondent aux valeurs de x données par la formule

$$\frac{n\pi x}{l} = k\pi, \qquad x = \frac{kl}{n}.$$

Ils se trouvent donc aux points

$$0, \quad \frac{l}{n}, \quad \frac{2l}{n}, \quad \frac{3l}{n} \quad \ldots \ldots \ldots l.$$

Les nœuds correspondant aux valeurs de x données par la formule

$$x = \frac{(2k + 1)l}{2n}$$

sont aux points

$$\frac{l}{2n}, \quad \frac{3l}{2n}, \quad \frac{5l}{2n} \quad \ldots \ldots \quad \frac{(2n - 1)l}{2n}.$$

Si, à l'origine du tuyau, nous supposons une série de mouvements simples tous premiers entre eux, on vérifiera comme précédemment qu'ils ont deux ventres communs aux deux extrémités, et qu'il n'y a aucune raison pour qu'il se forme un nœud intermédiaire dans le son résultant; cependant il peut se faire qu'en fixant une surface à égale distance des deux extrémités, c'est-à-dire qu'en produisant artificiellement un nœud, la hauteur du son ne change pas. Considérons, en effet, le cas où tous les mouvements simples correspondraient à des nombres impairs n, c'est-à-dire où le son résulterait d'harmonique d'ordre impair. Pour chacun de ces harmoniques, le nœud d'ordre $\frac{n+1}{2}$ sera, d'après la formule qui donne les valeurs de x, à une distance de l'origine égale à $\frac{l}{2}$, et par suite, il y aura un nœud en ce point.

Donc le son fondamental peut se produire avec un nœud au milieu; et lorsqu'on produira artificiellement la présence de ce nœud, le son fondamental pourra subsister, car cela revient à déterminer dans les sons simples produits une modification à la suite de laquelle les sons impairs deviendront dominants.

Supposons maintenant que le tuyau rende un harmonique tel que $n = pq$, p constant et q variable.

Pour les ventres,

$$x = \frac{kl}{pq},\ \text{ou } \frac{l}{pq},\ \frac{2l}{pq} \ldots \frac{pql}{pq} = l$$

pour les nœuds

$$x = \frac{(2k+1)l}{2pq},\ \frac{l}{2pq},\ \frac{3l}{2pq},\ \frac{3l}{2pq} \ldots$$

On voit que les ventres d'ordre q, $2q$, $3q$, etc., à

partir du ventre situé à l'origine seront communs à tous les sons, et il y en aura $p+1$. Mais l'existence d'aucun nœud n'est nécessaire.

Cependant si les harmoniques produits sont d'ordre impair, il y aura un certain nombre de nœuds communs. Par exemple, celui d'ordre $\frac{q-1}{2}+1$, dont la distance à l'origine sera

$$x = \frac{\left(2\frac{q-1}{2}+1\right)l}{2pq} = \frac{l}{2p}$$

Cette distance étant indépendante de q, ce nœud sera commun à tous les mouvements simples qui correspondent aux différentes valeurs de q. On peut d'ailleurs démontrer qu'il y a dans ce cas p nœuds intermédiaires aux $p+1$ ventres dont nous avons reconnu l'existence.

L'existence des nœuds et des ventres dans un tuyau qui rend un son, conséquence de la théorie de Bernouilli, se vérifie expérimentalement.

Pour constater l'existence des nœuds, on place sur une soufflerie un tube, un tube de verre pour mieux suivre l'expérience, puis on enfonce un piston dans son intérieur. Si pendant que le tuyau rend un son, on enfonce graduellement le piston, on constate que dans certaines positions, il n'influence en rien la hauteur du son. Dans ces positions, sa face inférieure correspond évidemment à une lame d'air immobile. — Cette expérience permet aussi de déterminer approximativement les poids où se trouvent les nœuds.

Pour démontrer l'existence des ventres, on se sert
d'un tuyau percé de trous que l'on peut ouvrir ou fermer
à volonté. Si pendant que le tuyau parle, on ouvre les
trous qui sont au niveau des ventres, la hauteur du son
ne change pas; tandis qu'elle change si les trous qu'on
ouvre ne correspondent pas à des ventres. L'expérience
se fait aussi au moyen d'une flûte composée de parties
réunis par des vis au niveau des ventres. Pendant que
la flûte résonne, on peut enlever les différentes parties
les unes après les autres, sans faire changer la hauteur
du son.

Savart démontrait l'existence des nœuds et des ventres par une autre méthode. Il descendait dans le tuyau,
pendant qu'il rendait des sons, un petit disque de pa-
pier soutenu par des fils de cocon et recouvert de sable.
Ce disque vibrait vivement aux ventres et restait en
repos aux nœuds.

Théorie des tuyaux sonores de Poisson. — Poisson a
traité la théorie des tuyaux sonores à un point de vue
spécial. Il s'est proposé surtout de tenir compte d'une
manière directe de la continuité du mouvement vibratoire à l'origine du tuyau ; mais l'hypothèse qu'il a faite
est en dehors des conditions expérimentales ordinaires.
Il admet que la masse d'air se meut en présence d'un tuyau,
d'après une loi imposée à l'avance, sans subir de réaction
du mouvement qu'elle fait naître dans l'air du tuyau. Il
n'y aurait aucun intérêt à donner cette théorie, si elle
n'avait son application dans quelques cas. C'est lorsque
la force qui fait vibrer la masse d'air à l'entrée du tuyau
est très-grande par rapport aux forces développées par

la réaction, par exemple, dans le cas d'une lame rigide vibrant en vertu de son élasticité.

Décomposons en mouvements simples le mouvement de la tranche d'air à l'origine, soit

$$u = a \sin 2\pi \frac{t}{T}$$

l'un de ces mouvements simples complétement donné à l'avance pour toute valeur de t.

Les vitesses de tous les points du système étant connues à tous les instants, les condensations s'ensuivront, lorsque la condensation à l'origine sera connue, or on a

$$u = f(x - at) + F(x + at),$$
$$u\gamma = f(x - at) - F(x + at).$$

Prenons le cas d'un tuyau ouvert, alors pour $x = o$ et $x = l$, on a

$$\frac{u\gamma}{u} = b$$

b étant très-petit mais fini et constant.

Admettons que la valeur initiale de la condensation soit nulle, nous le pourrons sans inconvénient, car l'influence d'un état initial, quel qu'il soit, cessera bientôt; admettons aussi zéro pour la valeur initiale de la vitesse.

Alors

$$f(x) = 0 \qquad F(x) = 0$$

pour toutes les valeurs de x comprises entre 0 et l.

Pour $x = 0$, on a d'ailleurs, quel que soit t,

$$f(-at) + F(at) = \alpha \sin 2\pi \frac{t}{T}$$

pour $x = l$, on a

$$b\{f(l-at) + F(l+at)\} = f(l-at) - F(l+at).$$

Ces deux équations suffiront pour déterminer les fonctions f et F et par conséquent pour donner la solution du problème.

Nous remarquerons que pour tous les points du tuyau, $x - at < l$ et devient bientôt négatif; $x + at$ est au contraire toujours positif et devient bientôt très-grand. Il nous suffira donc de déterminer les valeurs de f correspondant à des valeurs négatives, et celles de F à des valeurs positives de leurs variables.

Posons $at = s$, et substituons, il vient

$$f(-s) + F(s) = \alpha \sin 2\pi \frac{s}{\lambda}, \text{ car } \lambda = aT$$

$$b\{f(l-s) + F(l+s)\} = f(l-s) - F(l+s).$$

f et F sont nulles quand s varie de 0 à l. On tire des relations précédentes

$$f(l-s) = \frac{1+b}{1-b} F(l+s)$$

Supposons à s une valeur comprise entre 0 et l, la variable de F sera comprise entre l et $2l$, celle de f entre l et 0. Dans ces limites f étant nulle, F le sera aussi.

F est donc nulle pour des valeurs de sa variable comprises entre l et $2l$.

Soit maintenant s compris entre 0 et $2l$, substituons

$$F(s) = 0$$

et

$$f(-s) = s \sin 2\pi \frac{s}{\lambda}$$

telle est la valeur de f lorsque la quantité entre parenthèses varie de 0 à $-2l$.

Soit encore s compris entre l et $3l$. La deuxième équation nous apprend que

$$F = s \frac{1-b}{1+b} \sin 2\pi \frac{s-l}{\lambda}.$$

lorsque la quantité soumise au signe F varie de $2l$ à $4l$, et ainsi de suite. On pourra donc calculer les valeurs de f et F dans un intervalle quelconque.

Pour connaitre l'état final des tuyaux, nous avons besoin de F pour des valeurs positives et très-grandes de la variable. Le calcul précédent nous conduit pour une valeur considérable de cette variable à une somme d'expressions qui forment les premiers termes d'une série convergente; à cause de cette convergence, on peut, sans trop d'erreur, pour de grandes valeurs de la variable, considérer F comme la somme de la série infinie.

Posons

$$2\pi \frac{s-2l}{\lambda} = y$$

$$4\pi \frac{l}{\lambda} = \tau \qquad \frac{1-b}{1+b} = \epsilon$$

il vient

$$\mathrm{F}(s) = x\,\frac{1-b}{1+b}\,\frac{\operatorname{sn} y + \dfrac{1-b}{1+b}\sin(y+z)}{1+2e\cos z + e^2}$$

$$f(-s) = x\,\frac{\sin(y+z) + e\sin(y+2z)}{1+2e\cos z + e^2};$$

or

$$u = f(x-at) + \mathrm{F}(x+at)$$

et après un temps très-long, on a sensiblement

$$x + at = s \quad \text{et} \quad x - at = -s.$$

En substituant il vient

$$u = x\,\frac{\sin 2\pi\left(\dfrac{t}{\mathrm{T}} - \dfrac{x}{\lambda}\right) + e\sin 2\pi\left(\dfrac{t}{\mathrm{T}} + \dfrac{2l-x}{\lambda}\right)}{1 + 2e\cos 4\pi\dfrac{l}{\lambda} + e^2} +$$

$$+ xe\,\frac{\sin 2\pi\left(\dfrac{t}{\mathrm{T}} + \dfrac{2l-x}{\lambda}\right) + e\sin 2\pi\left(\dfrac{t}{\mathrm{T}} + \dfrac{x}{\lambda}\right)}{1 + 2e\cos 2\pi\dfrac{l}{\lambda} + e^2}.$$

L'intensité du son se calculera par la formule ordinaire; mais comme nous nous proposons seulement de
trouver des points voisins de ceux où cette intensité est
maxima ou *minima*, nous remarquerons que la formule

qui la donne, ayant pour dénominateur

$$\left(1 + 2e\cos 4\pi\,\frac{l}{\lambda} + e^2\right)^2,$$

ses *maxima* ou *minima* correspondront aux valeurs *minima* ou *maxima* du dénominateur.

Le son produit sera *minimum* lorsque le dénominateur sera *maximum*, c'est-à-dire pour

$$4\pi\,\frac{l}{\lambda} = 2K\pi \quad \text{ou} \quad l = \frac{K\lambda}{2}.$$

Il sera *maximum* pour

$$4\pi\,\frac{l}{\lambda} = (2K + 1)\pi \quad \text{ou} \quad l = \frac{(2K + 1)\lambda}{4}.$$

Ces résultats sont en contradiction avec le cas ordinaire. On devait s'y attendre d'après l'hypothèse qui leur sert de base.

Nous terminerons ici l'exposition rapide que nous venons de faire de l'ensemble des recherches entreprises par les géomètres sur les tuyaux sonores.

Actions des parois. — Pendant qu'un tuyau rend un son, ses parois ne restent jamais immobiles, elles vibrent transversalement. Parmi les sons simples que le tube pourra renforcer, il y en aura de même période que ceux de ses parois et d'autres de période différente. Ces derniers tendront à s'éteindre, les premiers au contraire à se produire de préférence. Cette action des parois explique les timbres différents de deux tuyaux de même dimension et de nature différente, ou qui sont seulement dans des conditions différentes de sécheresse ou d'humidité. Lorsque le tuyau est fermé, les vibrations du fond réagissent aussi sur les mouvements de la colonne d'air, et les ralentissent. Wertheim a reconnu que les effets du fond sont d'autant plus marqués qu'il vibre plus facilement, qu'ils sont plus prononcés quand il est en bois que lorsqu'il est en gutta-percha ou en métal.

Divergences entre la théorie et l'expérience. — La théorie concorde, en général, avec l'expérience; cependant certaines observations précises, dues à Savart, accusent des divergences de détail.

La loi des sons fondamentaux en raison inverse de la longueur du tuyau n'est pas tout à fait exacte. Le son fondamental est un peu plus grave que ne l'indique la théorie. Les nombres de vibrations de deux tuyaux ne sont pas exactement en raison inverse de leur longueur; si l'un est, par exemple, deux fois plus long que l'autre, le plus court ne donne pas l'octave aiguë du plus long. De même la vitesse du son calculée au moyen de ces tuyaux est trop petite de $\frac{1}{20}$ de sa valeur réelle.

La loi des harmoniques n'est pas non plus tout à fait rigoureuse. Tous les sons sont un peu au-dessous de ce qu'ils devraient être; et Savart a constaté que, en général, la distance des ventres est plus grande que ne l'indique la théorie. De même, pour qu'un tuyau fermé donne le même son qu'un tuyau ouvert, il faut qu'il soit un peu plus court que la moitié de ce dernier. Ces divergences sont d'autant plus marquées que la section du tuyau est plus grande.

Causes du désaccord. — Une cause dont l'influence perturbatrice est évidente, c'est le défaut de parallélisme dans les vibrations ; l'ébranlement n'ayant lieu que d'un côté, au voisinage de l'embouchure, un assez grand nombre de vibrations peuvent s'écarter notablement de l'axe du tuyau, et modifier d'une manière sensible le résultat total de cet ébranlement. Toutefois en diminuant les dimensions transversales du tuyau, on n'a jamais pu arriver à établir l'accord entre la théorie et l'expérience, même en prenant le soin, comme le faisait Wertheim, de produire le son en bouchant et en débouchant successivement le tuyau. Savart, pour s'assurer du parallélisme des vibrations à l'origine, engendrait le son au moyen d'un diapason disposé à l'orifice d'une éprouvette, et dont l'une des branches portait une plaque. Il versait du mercure dans l'éprouvette jusqu'à ce qu'elle renforçât le son du diapason. Il dit avoir retrouvé ainsi l'accord entre la théorie et l'expérience. Cependant en voyant la figure de son mémoire où l'éprouvette est très-large et où le diapason n'occupe qu'une faible partie de l'ouverture, il est permis de garder quelques doutes sur le résultat annoncé.

Savart pensait que les mouvements vibratoires ne sont jamais parallèles dans les tuyaux sonores. Pour le prouver, il projetait dans un tuyau en verre de la poudre de lycopode, pendant que l'intérieur était éclairé par un faisceau de rayons solaires. Il vit la poussière décrire une hélice, dont les spires, très-serrées près de l'embouchure, s'écartaient de plus en plus jusqu'à devenir presque parallèles à l'axe du tube. D'après cette expérience, il admettait l'existence de surfaces nodales en spirales, produites par les vibrations longitudinales des parois du tuyau.

Les anomalies entre la théorie et l'expérience ne peuvent résulter d'une différence entre la vitesse du son dans un espace limité et dans une atmosphère indéfinie. Rien dans la théorie ne fait pressentir cette différence, et d'ailleurs les expériences de Biot sur les tuyaux de conduite des eaux de Paris ont démontré qu'elle est nulle. Il est clair aussi qu'elles ne peuvent s'expliquer par l'introduction de l'hypothèse de Poisson, dont la théorie, quant aux nœuds et aux ventres, est identique à celle de Bernouilli. Mais cette théorie elle-même est-elle tout à fait conforme aux faits? Le contraire est probable, car elle résulte de l'assimilation du cas de la communication du mouvement vibratoire d'un tuyau ouvert à une atmosphère indéfinie, avec celui de deux tuyaux de diamètres différents ; or, dans les tubes, les vibrations ont toujours lieu dans la même direction, tandis que dans une atmosphère indéfinie le mouvement propagé en dehors du tuyau se compose de vibrations divergeant dans toutes les directions, et en vertu de la continuité, cette divergence à l'extérieur doit faire suite à un commencement de divergence dans le régime extrême du tuyau. C'est là une nécessité physique qui n'infirme pas d'ailleurs la base de la théorie.

Il y a donc lieu d'examiner si l'on ne peut pas éliminer cette dernière cause d'erreur, et mesurer les vitesses du son dans différents gaz à l'aide de tuyaux sonores. Deux procédés ont été employés pour cela.

1° On cherche à mesurer la différence entre la longueur du tuyau et la demi-longueur d'onde du son fondamental, ou en général la somme des longueurs d'onde correspondant à l'harmonique donné, et à trouver la relation entre cette différence et la nature du gaz. C'est le procédé qu'a employé d'abord Dulong, puis Wertheim.

2° On a aussi cherché, comme l'ont fait M. Hopkins et M. Sondhauss, à observer les phénomènes à une distance des extrémités assez grande pour que l'influence de l'effet perturbateur n'y soit plus sensible. Cette méthode est plus rigoureuse, plus générale et plus féconde.

Cependant les résultats donnés par la première ont de l'importance.

Dulong cherchait le rapport des chaleurs spécifiques à pression constante et à volume constant dans différents gaz, pour en déduire la vitesse du son. Il voulait tirer cette donnée de mesures faites avec des tuyaux. Or on savait qu'ils étaient incapables de donner directement la valeur de la vitesse. Dulong se demanda donc seulement s'ils ne pourraient pas en fournir le rapport.

Son appareil se composait d'une caisse percée de quatre ouvertures $a\,b\,c\,d$, opposées deux à deux. Deux d'entre elles, a et b, permettent de voir un thermomètre à l'intérieur, une troisième, c, porte la boîte à air d'un tuyau, dans lequel peut passer, en le fermant exactement, un piston mobile dans une boîte à cuir d.

Le tuyau étant ouvert, un générateur de gaz, mis en communication avec le porte-vent, faisait parler le tuyau.

Le son changeait jusqu'au moment où tout l'air était chassé de la caisse par une ouverture ménagée à cet effet. Alors le son se fixait, on en prenait l'unisson avec un monocorde, puis on enfonçait le piston jusqu'à ce que le son rendu fût encore à l'unisson du monocorde. Jamais alors le piston ne se trouva au milieu du tuyau ; mais sa position était constante et indépendante de la nature du gaz. Toutefois la différence étant petite, on peut admettre que la distribution de la masse d'air se fait comme le pensait Bernouilli, sauf de petites perturbations aux extrémités dues au voisinage de l'atmosphère indéfinie et à la grandeur du diamètre du tuyau.

Partant de là, il était naturel de penser que tant que la longueur d'onde de son rendu par le tuyau resterait la même, la valeur de la perturbation resterait constante, en un mot que cette perturbation ne dépendait que du diamètre du tuyau.

S'il en était ainsi, en faisant rendre au tuyau le son fondamental dans un gaz quelconque, d'abord comme tuyau ouvert, puis comme tuyau fermé, la valeur des termes correctifs indiquant la perturbation étant constante dans chaque cas, la différence de ces termes devait être constante et par suite le piston devait s'arrêter toujours au même point.

Comme il en était ainsi, l'hypothèse de la constance des perturbations était justifiée, dès lors la longueur d'onde du son fondamental rendu par le tuyau restant indépendante du gaz, on aurait eu pour deux gaz différents

$$aT = a'T',$$

d'où

$$\frac{a}{a'} = \frac{T'}{T} = \frac{n}{n'}$$

n et n' étant les nombres de vibrations des deux sons.
On les mesurait directement à la sirène.

La méthode de Wertheim est plus rigoureuse.

Dans un tuyau fermé par un fond solide, aucune erreur ne doit provenir du fond, mais à l'embouchure, on ne peut affirmer que les vibrations soient longitudinales. La longueur du tuyau dans le cas du son fondamental sera donc différent du quart $\dfrac{\lambda}{4}$ de la longueur d'onde, l'expérience fait voir en effet qu'elle est plus petite, et que l'on a

$$L + \alpha = \frac{\lambda}{4}$$

L étant la longueur du tuyau. Pour un autre tuyau de longueur L', on aura

$$L' + \alpha' = \frac{\lambda'}{4}$$

et ainsi de suite.

Or, si l'on a soin de choisir tous ces tuyaux de même diamètre, et de leur donner la même embouchure, on vérifie que $\alpha' = \alpha' = $ etc.

Soit alors un tuyau ouvert auquel on fait rendre le son fondamental, on peut supposer un nœud à l'intérieur, et ce nœud partage le tuyau en deux parties de longueur l' et l'', alors on a

$$l' + \alpha = \frac{\lambda}{4} \qquad \text{à l'embouchure,}$$

$$l'' + \beta = \frac{\lambda}{4} \qquad \text{à l'extrémité.}$$

Ajoutons, soit l la longueur des tuyaux, il vient

$$l + (\alpha + \beta) = \frac{\lambda}{2}.$$

En opérant comme précédemment on vérifie la constance de $(\alpha + \beta)$.

Prenons maintenant une autre embouchure, mais un tuyau de même diamètre. On aura encore

$$\alpha_1 + \beta_1 = \text{constante.}$$

Or d'après les vérifications précédentes, nous sommes en droit de penser que β ne dépend que des dimensions du tuyau à son orifice, donc β_1 doit être remplacé par β dans la dernière formule.

Donc, en général, le terme correctif de la perturbation à l'embouchure ne dépend que du diamètre; il en est de même du correctif à l'origine.

De plus, ces valeurs sont encore les mêmes pour les concamérations initiale et finale lorsque le tuyau rend un de ses cinq premiers harmoniques.

Partant de là, Wertheim opéra comme Dulong, mais

seulement dans l'air, et avait alors les équations

$$l + (\alpha + \beta) = \frac{\lambda}{2}$$

$$l_1 + (\alpha + \beta) = \frac{\lambda_1}{2}$$

$$l_2 + (\alpha + \beta) = \frac{\lambda_2}{2}$$

$$\cdots\cdots\cdots\cdots\cdots$$

$$\cdots\cdots\cdots\cdots\cdots$$

l, l_1, l^2 — étant les longueurs des tuyaux de même diamètre qu'il employait et qui étaient vissés sur la même embouchure, λ, λ'', λ^2,.... sont les longueurs d'onde des sons rendus, elles sont inconnues, mais leur rapport est connu et égal au rapport inverse des nombres de vibrations. On aura donc plusieurs équations de la forme

$$\frac{l + (\alpha + \beta)}{l_1 + (\alpha + \beta)} = \frac{n_1}{n}.$$

On vérifie qu'elles donnent pour $(\alpha + \beta)$ des va'eurs constantes à très-peu près, on prend alors la moyenne de ces valeurs pour l'ajouter à l et obtenir la longueur d'onde cherchée.

Dans le cours de ses expériences, Wertheim eut soin de noter les pressions qu'il fallait donner au gazomètre pour produire tel ou tel harmonique donné. Les pressions croissent proportionnellement au carré du numéro d'ordre des harmoniques. Cette loi ne subsiste plus au delà du cinquième ou du sixième. En augmentant alors la pression, on obtient un son plus haut que celui qu'on déduirait du son fondamental. Ceci montre que $(\alpha + \beta)$ varie un peu avec la pression.

Voici une série de nombres obtenus à des températures différentes, et ramenés à zéro par la formule $v = v^\circ \sqrt{1 + at}.$

Temp.	Vo.	Temp.	Vo.
$0^\circ,5$	331,7	$9^\circ,9$	335,5
$2^\circ,0$	331,5	$11^\circ,5$	329,6
$4^\circ,5$	330,8	$12^\circ,0$	332,2
$8^\circ,0$	330,6	$12^\circ,3$	335,5
$8^\circ,5$	332,9	$16^\circ,0$	329,9
$9^\circ,0$	333,3	$16^\circ,0$	325,4
$9^\circ,0$	331,9	$17^\circ,0$	332,4
$9^\circ,3$	327,4	$21^\circ,0$	329,2
$9^\circ,3$	330,8	$21^\circ,0$	329,0
$9^\circ,9$	332,2	$26^\circ,0$	329,2

Tous ces nombres différant de 333 de $\dfrac{1}{100}$ environ de leur valeur justifiant pleinement le procédé employé, et permettent de conclure des expériences de Dulong l'indépendance entre le terme correctif et la nature du gaz. Ces expériences, en effet, s'expliquent d'elles-mêmes en étendant les résultats de Wertheim à une atmosphère quelconque, sinon il y aurait entre les termes correctifs une relation bien étonnante. Voici alors les nombres obtenus pour la vitesse du son à 0°

Oxygène.	$377^m,2$
Hydrogène.	$1269^m,5$
Acide carbonique.	$261^m,6$
Oxyde de carbone	$337^m,4$
Protoxyde d'azote.	$261^m,9$
Hydrogène bicarboné.	$314^m,0$

La grande valeur de la vitesse dans l'hydrogène explique le changement de tonalité que prend la voix quand l'organe est mis en jeu par l'expiration de ce gaz.

Les expériences de MM. Soudhauss et Hopkins sont peu connues, elles ont été cependant plus étendues que les précédentes, et exécutées par une méthode plus générale.

M. Hopkins fait vibrer à l'ouverture d'un tuyau une plaque dont le ventre est disposé en face de l'entrée du tube. Ce dernier est en verre, vertical, et porte à sa partie supérieure une coulisse cylindrique de cuivre qui peut servir de prolongement au tube ou être retirée en arrière à la volonté de l'opérateur. On la fait ainsi saillir au-dessus du bord du tube, jusqu'à ce qu'on obtienne un renforcement maximum du son rendu par la plaque.

On a d'avance disposé dans ce tube une membrane destinée à indiquer la position des nœuds et des ventres. Cette membrane est tendue sur un cadre rectangulaire, libre sur deux côtés opposés, attachée sur les deux autres, dont l'un est fixe et l'autre est un rouleau sur lequel elle s'enroule, et qui permet de la tendre à son gré. Pour donner plus de précision à cette tension, on a glissé un chevalet entre la membrane et les traverses du cadre sur lesquelles ce chevalet glisse, en divisant ainsi la membrane en deux parties vibrant séparément. On pouvait régler leurs modes de vibrations par la position du chevalet, et mettre ainsi la membrane d'accord avec la plaque. On la recouvrait ensuite de sable.

La sensibilité de cet appareil est telle que mis d'accord avec le tuyau, il indique sur toute sa longueur un état vibratoire, ce qui s'accorde avec l'absence de surface nodale indiquée par la théorie. Lorsqu'il n'est pas accordé, au contraire, il ne se met en mouvement que dans les parties voisines des ventres. En l'accordant plus ou moins, on arrivait à donner à ces mouvements des limites de plus en plus étendues et à reconnaître ainsi la véritable place des nœuds.

On trouve ainsi la distance de deux surfaces nodales consécutives constantes dans l'intérieur du tuyau. Mais la distance de la dernière surface nodale à l'extrémité est plus petite que la demi-distance des nœuds, et *minimum* lors du *maximum* de renforcement du son. Dans ce cas en particulier, lorsque l'harmonique est assez élevé, la longueur des internœuds est égale $\dfrac{\lambda}{2}$, λ étant la longueur d'onde théorique.

Il y a donc confirmation de la théorie de Bernouilli.

Dans d'autres expériences, on supprima la petite couche d'air comprise entre la plaque et le bas du tube, en versant sur la plaque une mince couche de liquide que l'effet capillaire fit adhérer spécialement aux bords du tube. Lorsque ensuite le mouvement fut communiqué à la plaque, cette adhérence persista, les excursions de la plaque étant fort petites.

Alors on trouva un renversement complet du système des ventres et des nœuds. L'air était partagé dans ce tuyau ouvert comme dans un tuyau fermé ordinaire.

L'auteur qui croyait avoir réalisé ainsi le cas vraiment

théorique, attribua cette anomalie à différentes causes et s'efforça de trouver dans sa méthode des imperfections qu'elle ne présente nullement. Il était tombé dans la même erreur que Poisson, erreur portant justement sur l'interprétation des expériences. La valeur théorique de ce travail demeure la même puisqu'il donne une vérification des formules de Poisson.

Ce tube en cuivre à curseur peut servir à déterminer la vitesse du son. Il suffira de faire produire au tuyau un harmonique assez élevé, puis d'allonger le tuyau au moyen du tube de cuivre, de manière à produire le même harmonique. Il est clair qu'alors le tuyau aura de plus que le premier une demi-longueur d'onde.

Les expériences de M. Sondhauss ont été exécutées par la même méthode. Il a trouvé aussi les longueurs des internœuds conformes à la théorie, à la condition de prendre ces internœuds à une distance suffisante des extrémités.

Cas des tuyaux coniques. — M. Duhamel a appliqué le calcul à l'étude des mouvements vibratoires dans un tuyau conique à angle très-petit. — M. de Zamminer a donné aux résultats de la théorie la sanction expérimentale.

L'angle au sommet du tuyau conique étant très-petit, les vibrations peuvent être regardées comme parallèles au rayon qui joint la molécule vibrante au sommet du cône ou est supposé le centre phonique. On admet de plus que la masse d'air du tuyau est limitée par des surfaces sphériques auxquelles on applique les conditions

que D. Bernouilli supposait aux extrémités des tuyaux
ordinaires. Il est clair qu'en partant de telles hypothèses,
cette théorie ne peut prétendre à une grande exactitude.

Nous prendrons, comme précédemment, un système
de coordonnées tel que l'on puisse écrire l'équation différentielle sous la fo me

$$\frac{d^2 r\varphi}{dt^2} = a^2 \frac{d^2 r\varphi}{dr^2}$$

dont l'intégrale pourra alors se mettre sous la forme

$$r\varphi = (A \sin amt + B \cos amt)(M \sin mr + N \cos mr)$$
$$= (A \sin amt + B \cos amt) \sin m(r + \rho)$$

soit b la distance du sommet du cône à l'entrée du tuyau,
l la longueur du tuyau. Si nous le supposons ouvert aux
deux extrémités, il faudra que $a\varphi$ soit nul pour $r = b$ et
$r = b + l$, quel que soit t.

Or

$$\frac{d\varphi}{dt} = am(A \cos amt - B \sin amt) \sin m(r + \rho)$$

il faut donc que l'on ait

$$\sin m(b + \rho) = 0 \quad \text{ou} \quad m(b + \rho) = k\pi$$
$$\sin m(b + \rho + l) = 0 \quad \text{ou} \quad m(b + \rho + l) = h\pi$$

retranchons, posons $h - k = n$, il vient

$$ml = n\pi, \quad m = \frac{n\pi}{l}$$
$$m(b + \rho) = h\pi - n\pi$$

b étant arbitraire, faisons-le égal à n, on aura

$$m(b+\rho)=0, \quad m\rho = -mb$$

En remplaçant m et ρ par ces valeurs dans l'intégrale générale, elle devient

$$r\varphi = \left(A\sin\frac{an\pi t}{l} + B\cos\frac{an\pi t}{l}\right)\sin\frac{n\pi(r-b)}{l}$$

on voit que φ est une fonction périodique du temps; et elle indique, de plus, que le tuyau conique rendra les mêmes sons qu'un tuyau cylindrique de même longueur ouvert aux deux bouts, car elle est tout à fait identique à celle qui convient à ce dernier.

Cherchant la distribution des nœuds et des ventres aux ventres, la condensation est nulle quel que soit t, ils correspondent donc à

$$\frac{n\pi(r-b)}{l}=k\pi \quad \text{ou} \quad r-b=\frac{kl}{n}$$

ce qui montre que les ventres divisent la longueur du tuyau pour l'harmonique de rang n, comme dans le cas d'un tube cylindrique ouvert.

Aux nœuds, la vitesse, c'est-à-dire $\dfrac{d\varphi}{dr}$ est nulle, quel que soit t,

$$\frac{d\varphi}{dr} = \frac{1}{r}\left(A\sin\frac{n\pi at}{l} + B\cos\frac{n\pi at}{l}\right)\frac{n\pi}{l}\cos\frac{n\pi(r-b)}{l}$$
$$- \frac{1}{r^2}\left(A\sin\frac{n\pi at}{l} + B\cos\frac{n\pi at}{l}\right)\sin\frac{n\pi(r-b)}{l}$$

donc aux nœuds

$$\sin\frac{n\pi(r-b)}{l} = \frac{n\pi r}{l}\cos\frac{n\pi(r-b)}{l}$$

$$\operatorname{tg}\frac{n\pi(r-b)}{l} = \frac{n\pi r}{l}$$

Les valeurs de r tirées de cette équation transcendante donneront la position des nœuds, et l'on voit qu'ils n'ont pas la même distribution que dans les tuyaux cylindriques.

M. Zamminer a soumis ces lois à l'expérience, en déterminant la position des nœuds par la méthode générale, qui consiste à chercher les faces que l'on peut fixer sans altérer le son. Ici l'introduction d'un piston étant impossible, l'observateur imagina un procédé équivalent. Le tuyau plongeait dans l'eau ou le mercure, et la surface liquide, n'ayant plus la rigidité d'un corps solide, pouvait prendre la forme de la surface nodale de l'air. Néanmoins, il a trouvé une différence entre l'intensité du son incident et l'intensité du son réfléchi sur la surface liquide, mais cette différence n'étant que le $\frac{1}{800}$ de la valeur de l'une des deux, cette surface pouvait être considérée comme absolument fixe par rapport à l'air du tuyau.

Tous les tuyaux employés avaient une même longueur de $0^m,4164$; leurs dimensions aux deux extrémités étaient telles que la masse d'air ébranlée fût à peu près constante.

Voici ces dimensions :

N° d'ordre	Diamètre antérieur	Diamètre postérieur
1	16^{mm},6	16^{mm},6
2	15 ,4	18 ,2
3	13 ,9	19
4	11 ,8	23 ,5
5	8 ,6	25 ,8
6	6 ,6	26 ,4

Tous ces tuyaux étaient en fer-blanc à parois très-minces, les vibrations étaient produites au moyen d'une mince lame d'air chassée sur le bord du tuyau par une pression suffisante.

Chaque expérience fut répétée deux fois, en embouchant le tuyau à chacune de ses extrémités. La théorie ne distingue pas les deux cas, et l'expérience montre en effet une identité dans les résultats.

Comme on se servait de l'oreille pour apprécier l'unisson obtenu, il devait y avoir quelque incertitude dans les résultats, car l'oreille se satisfait d'une approximation qui n'est pas très-grande, et en réalité le tuyau était toujours moins enfoncé qu'il ne devait l'être. C'est pourquoi les expériences étaient reprises en procédant inversement : on enfonçait d'abord tout le tuyau dans le liquide, puis on le soulevait lentement ; les points obtenus alors furent au-dessus des premiers. On prenait pour position du nœud le point qui divisait l'intervalle des deux points obtenus par l'expérience proportionnellement aux distances, que la théorie indique entre ce nœud et les deux ventres voisins.

Cas d'un tuyau conique fermé. — Soit maintenant un

tuyau conique fermé, dont le fond est une surface sphérique. Appliquons le calcul à ce cas. On a

$$r\varphi = (A \sin amt + B \cos amt) \sin m (r + \rho)$$

Soient $r = b$, $r = b + l$, les distances des extrémités du tuyau.

Pour $r = b$, $\dfrac{d\varphi}{dr} = 0$, quel que soit t.

Cette condition donne,

$$mb \cos m (r + \rho) - \sin m (r + \rho) = 0$$
$$\operatorname{tg} m (r + \rho) = mb$$

Pour $r = b + l$, $\dfrac{d\varphi}{dt} = 0$, quel que soit t,

ce qui donne

$$\sin m (b + l + \rho) = 0$$
$$m (b + l + \rho) = k\pi$$
$$m (b + \rho) = k\pi - ml$$

donc :

$$\operatorname{tg}(k\pi - ml) = mb ;$$

mais,

$$\operatorname{tg}(k\pi - ml) = - \operatorname{tg} ml ,$$

quel que soit k.

par suite,

$$mb + \operatorname{tg} ml = 0.$$

Telle est l'équation qui permettra de calculer m, m étant connue, la durée de l'oscillation sera donnée par :

$$T = \frac{2\pi}{m}$$

Si l est négatif, l'équation devient

$$mb - tglm = 0.$$

Les nœuds correspondent aux valeurs de r qui satisfont à la condition

$$\frac{d\varphi}{dr} = 0,$$

quel que soit t,

$$\frac{d\varphi}{dr} = (A \sin amt + B \cos amt)\left(\frac{m \cos m(r+\rho)}{r} - \frac{\sin m(r+\rho)}{r^2}\right)$$

m étant connu, ces valeurs de r seront données par l'équation

$$m\frac{\cos m(r+\rho)}{r} - \frac{\sin m(r+\rho)}{r^2} = 0.$$

Les ventres correspondent à

$$\sin m(r+\rho) = 0$$

Pour déterminer ρ, on a

$$m(b+\rho) = k\pi - ml.$$

En faisant $k = o$, nous savons qu'on peut retrouver tous les sons simples que le tuyau renforce.

On a alors

$$\rho = -(b+l)$$

et les formules qui donnent les nœuds et les ventres

deviennent

$$mr \cos m \{ r - (b + l) \} - \sin m \{ r - (b + l) \} = 0,$$
$$\sin m \{ r - (b + l) \} = 0,$$

d'où l'on tirera les valeurs de r.

Le procédé de M. de Zamminer pour déterminer les surfaces nodales ne peut plus servir dans ce cas. Si, en effet, on verse du liquide sur le fond fermé du tuyau, il ne vibrera plus. Mais la vérification des formules peut être retrouvée dans les expériences faites avec les tuyaux ouverts, car la disposition des nœuds et des ventres entre l'une des extrémités d'un tuyau ouvert et un nœud doit être identique à ce qu'elle serait dans un tuyau fermé ayant pour longueur la distance de ce nœud à l'une des extrémités.

Si $b = o$, il n'y a plus de différence entre les formules qui conviennent aux tuyaux fermés et aux tuyaux ouverts. En effet, le tuyau se prolonge alors jusqu'au sommet du cône, et est toujours fermé en cet endroit. On a fait des expériences avec des appareils de cette forme.

Vibration des masses d'air de forme quelconque. — Jusqu'à présent, nous n'avons étudié que les vibrations de colonnes gazeuses dont la section était négligeable par rapport à la longueur. — Maintenant, nous allons considérer des masses d'air de forme quelconque. — L'analyse mathématique n'ayant pas encore été appliquée à l'étude des vibrations des masses fluides de forme quelconque, tous les résultats généraux que l'on possède sur ce sujet sont dus à l'expérience.

Savart a fait des expériences nombreuses sur ces questions. Nous allons donner le résultat de ses recherches d'après son mémoire inséré dans le tome XXIX de la 2ᵉ série des *Annales de chimie et de physique*.

Tuyau cubique. — Prenons un cube fermé muni d'une embouchure qui occupe toute l'étendue d'une face et parallèle à une arête. Si on met en vibration l'air de ce cube de manière à lui faire rendre son son fondamental, on constatera que ce son est beaucoup plus grave que celui que donnerait, dans les mêmes conditions, un tuyau fermé de même longueur et de section semblable, mais très-petite. Si le côté de ce tuyau était la moitié de celui du cube, il faudrait que sa longueur fût à peu près deux fois et demie plus grande que la sienne, pour engendrer le même son. Savart a démontré qu'il existe dans ce tube, lorsqu'il donne le son fondamental, une surface nodale qui a la forme d'un cylindre dont la base approche plus d'une ellipse que de toute autre figure, et dont l'axe est parallèle à l'embouchure du tuyau. — Le grand axe de l'ellipse de base est dirigé suivant la diagonale qui passe par la bouche, tandis que le petit, qui est égal à la moitié du grand, est dirigé suivant l'autre. Savart a pu déterminer les limites de cette surface nodale en introduisant dans le tuyau des lames de carton disposées, par tâtonnement, de manière à réduire le volume d'air sans changer le son. De plus, ayant fait construire un tuyau en verre, afin de pouvoir discerner ce qui se passe dans son intérieur, il s'est assuré, en y promenant une membrane tendue et recouverte de sable, que l'air vibre de part et d'autre de cette surface.

Dans les tuyaux où la hauteur est beaucoup plus considérable que les côtés de la base, l'ellipse qui sert de base à la surface nodale s'allonge, son grand axe est toujours dirigé suivant la diagonale qui passe par l'embouchure; son petit axe diminue, et dans les tuyaux très-minces il finit par égaler la profondeur du tuyau, c'est-à-dire le côté perpendiculaire à la direction de la bouche.

Il résulte de cette disposition de la surface nodale que tout se passe de la même manière dans chaque tranche d'air perpendiculaire à la direction de la bouche, et, par suite, que le son doit être indépendant de la dimension du tuyau comptée parallèlement à l'embouchure, pourvu que celle-ci occupe toute cette dimension. Savart a vérifié, en effet, que deux tuyaux de même longueur, de même profondeur, mais de largeur différente, donnent des sons de même hauteur; ils ne diffèrent que par l'intensité, qui est plus grande pour le tuyau le plus large. Si la profondeur du tuyau diminue, ses autres dimensions ne changeant pas, la hauteur du son s'élève. — Ces résultats ont été aussi constatés avec un tuyau cylindrique, embouché suivant une arête, et dans lequel on peut enfoncer plus ou moins un piston. On peut donc admettre que les phénomènes qui se passent dans les colonnes d'air de forme rectangulaire, ébranlées dans toute leur largeur, sont les mêmes que ceux qui se passeraient dans une lame infiniment mince, ébranlée par un de ses angles.

Savart a aussi établi les lois suivantes : *Deux lames d'air qui ont la même surface, donnent le même son, pourvu que la profondeur soit plus grande que le sixième de la longueur.* Pour vérifier cette loi, on se sert de tuyaux rectangulaires, dans lesquels le produit de la longueur par la profondeur est le même. Ils donnent tous le même son.

Quand deux lames d'air ont des surfaces inégales, les nombres de vibrations sont sensiblement en raison inverse des racines carrées des surfaces, pourvu que le plus petit côté soit au moins le sixième du plus grand. Cette loi se démontre comme la précédente ; mais lorsque la longueur augmente beaucoup par rapport à la profondeur, cette loi cesse d'être vraie, et lorsque la profondeur est plus petite que $\frac{1}{12}$ de la longueur, le nombre des vibrations devient sensiblement inverse de la longueur. On retrouve ainsi la loi de D. Bernouilli, qui, comme on voit, n'est qu'un cas particulier de celle de Savart. Enfin ce dernier physicien a reconnu que les lois précédentes s'appliquent aussi bien aux tuyaux ouverts qu'aux tuyaux fermés, et que la direction de la lame d'air qui sort de la lumière de l'embouchure n'a pas d'influence sur les résultats.

Loi des volumes semblables. — Savart a démontré par l'expérience la loi suivante : *Les masses d'air de forme semblable, mais quelconque, ébranlées avec des bouches ayant les mêmes positions relatives et des dimensions proportionnelles, donnent des sons dont les nombres de vibrations sont en raison inverse des dimensions homologues.*

Cette loi est un corollaire des formules générales du mouvement vibratoire qu'a données Cauchy, et que nous allons pouvoir déduire de la considération de la seule forme de ces équations.

Pour ces équations, en effet, les forces accélératrices

$$\frac{d^2\xi}{dt^2}, \frac{d^2\eta}{dt^2}, \frac{d^2\zeta}{dt^2}$$

seront des fonctions des déplacements. Ces déplacements étant très-petits, on pourra toujours considérer ces forces accélératrices comme des fonctions linéaires de ces déplacements ou d'une fonction de ces déplacements qui est, comme nous allons le démontrer, la différence seconde de ces déplacements.

D'abord, la force accélératrice ne dépend pas seulement du déplacement absolu, mais de la différence des déplacements ou du déplacement relatif; car si toute la masse était déplacée en bloc, aucune force moléculaire n'aurait été mise en jeu dans son intérieur.

En second lieu, ce n'est pas le déplacement relatif qui fait naître la force, mais la différence des déplacements relatifs. En effet, considérons suivant une direction parallèle à 0ξ, par exemple, trois molécules a, b, c; celle du milieu b à laquelle nous supposerons relatives les équations différentielles proposées, est sollicitée suivant l'axe par a et par c; par a proportionnellement au déplacement relatif de b par rapport à a; par c proportionnellement au déplacement relatif de c par rapport à b. En définitive, elle est donc sollicitée du côté de l'action prépondérante proportionnellement à la différence des déplacements relatifs ou proportionnellement à la différence seconde des déplacements absolus. Ce sont donc des différentielles secondes qui figurent au second membre des équations.

Les conditions des limites consisteront toujours à exprimer que suivant une certaine surface les condensations sont nulles, ou les vitesses nulles, c'est-à-dire que.

$$\frac{d\xi}{dt} = 0 \text{ pour la vitesse nulle},$$

ou

$$\frac{d\xi}{dx} = 0 \text{ pour la condensation nulle}.$$

pour l'intelligence de l'expression $\frac{d\xi}{dx}$, il faut se rappeler que ξ, η, ζ sont les déplacements du point dont les coordonnées sont x, y, z. Or, pour qu'il n'y ait pas de condensation, il faut que le déplacement soit le même pour tous les points et ξ indépendant de x ou $\frac{d\xi}{dx} = 0$.

Cela posé, prenons

$$x' = kx, \quad y' = ky, \quad z' = kz, \quad t' = kt$$

et changeons de variable

$$\frac{d\xi}{dx} = \frac{d\xi}{dx'}\frac{dx'}{dx} = k\frac{d\xi}{dx'}, \quad k = \frac{dx'}{dx}$$

$$\frac{d^2\xi}{dx^2} = \frac{d\,\frac{d\xi}{dx}}{dx} = k\,\frac{d\,\frac{d\xi}{dx'}}{dx} = k^2\,\frac{d^2\xi}{dx'^2}.$$

et ainsi des autres.

Donc, avec ces nouvelles variables les équations ne changeront pas, et les conditions aux limites contenant des dérivées premières seront aussi satisfaites.

Or, si les premières équations convenaient à l'espace compris dans une certaine figure, les limites auxquelles répondent les nouvelles équations forment une surface homothétique ; k étant le rapport et l'origine des coordonnées, le centre de similitude. Mais nous avons écrit aussi $t' = kt$, c'est-à-dire que les équations n'ont repris la même forme qu'à la condition de compter autrement le temps. Cela revient à prendre une unité de temps k fois plus petite ; car si t représente le nombre d'unités de temps nécessaire à l'accomplissement d'un certain phénomène, et que t' représente le même espace de temps, le nombre t' étant égal à kt, il faudra que chaque unité ait k fois moins de durée.

Cela posé, l'identité des équations de part et d'autre nous fait voir que si au bout de n unités de temps le premier système repasse par le même état, au bout de n unités de temps le second système reprendra aussi son état initial ; donc les durées des vibrations seront mesurées dans les deux cas par un même nombre. Comme l'unité est k fois plus grande dans le premier cas, la durée de vibration est k fois plus grande dans le premier cas que dans le second ; ou bien encore, le nombre de vibrations exécutées pendant le même temps est k fois plus petit pour le premier système que pour le second.

Cette loi, découverte par Savart, avait été entrevue avant lui par le P. Mersenne. Pour la vérifier, on se sert de tuyaux semblables dont les dimensions homologues sont entre elles comme 1 : 2. On leur donne des formes prismatiques, cylindriques, sphériques. Pour les tuyaux sphériques, les bouches sont pratiquées sur un grand cercle et comprennent le même nombre de degrés. En faisant parler deux de ces tuyaux semblables, on constate que le plus petit donne l'octave aiguë du plus gros, et cela, qu'ils soient ouverts ou fermés.

Formules empiriques de Wertheim. — Wertheim a cherché à renfermer dans des formules empiriques les différents cas des tuyaux ouverts ou fermés. Voici ces formules :

Pour un tuyau rectangulaire ouvert à un bout et fermé à l'autre, on a

$$n = \frac{v}{2[L + c(l + H)]} \qquad (1)$$

n représente le nombre de vibrations, v la vitesse du son à la température donnée ; L la longueur du tuyau, l sa largeur et H sa profondeur. Dans un tuyau cylindrique, le nombre de vibrations est le même que dans un tuyau carré de même section. Si S représente cette section, comme alors $l = H = \sqrt{S}$, la formule pour le cas d'un tuyau cylindrique devient

$$n = \frac{v}{2(L + 2c\sqrt{S}} \qquad (1)$$

Pour les tuyaux ouverts aux deux bouts

$$n = \frac{v}{L + 2c(l + H)} \qquad (2)$$

et quand le tuyau devient cylindrique

$$n = \frac{v}{L + 4c\sqrt{S}} \qquad (2)$$

Ces deux dernières formules se déduisent des précédentes, en remplaçant L par $\dfrac{L}{2}$, ce qui revient à considérer un tuyau ouvert de longueur L comme composé de deux tuyaux bouchés de longueur $\dfrac{L}{2}$. Dans ces formules c représente une constante.

Lorsque le tuyau est partiellement fermé à ses extrémités, Wertheim pose

$$(3) \qquad n = \frac{v}{L + C_1 + C_2} \qquad
\begin{aligned}
C_1 &= c(l + H)\left(1 - \sqrt{\frac{s_1}{S}} + \sqrt{\frac{S}{s_1}}\right) \\
C_2 &= c(l + H)\left(1 - \sqrt{\frac{s_2}{S}} + \sqrt{\frac{S}{s_2}}\right).
\end{aligned}$$

s_1 et s_2 représentent les sections des ouvertures ou embouchures. Si on fait dans la formule (3) $\dfrac{s_1}{S} = 1$, $\dfrac{s_2}{S} = 1$, on retrouve les formules (2), qui se rapportent au cas d'un tuyau dont les deux extrémités sont entièrement ouvertes.

Si $\dfrac{s_2}{S} = 1$, la formule (3) s'applique au cas d'un tuyau d'orgue ouvert. Si on y fait $L = 2L_1$, $C_1 = C_2$ et $\dfrac{s}{S} = 1$,

on retombe sur le cas des formules (1). Enfin pour
$L = 2L_1$ et $C_1 = C_2$, elle convient au cas d'un tuyau
d'orgue ordinaire fermé à une extrémité. Pour vérifier
ces formules, Wertheim a cherché, dans les divers cas
que nous venons d'énumérer, la valeur de la constante c,
et il a toujours trouvé sensiblement la même valeur ; ce
qui prouve que ces formules empiriques représentent
assez exactement les lois des mouvements vibratoires
dans les tuyaux, pour lesquels elles ont été établies. —
Les nombreuses expériences de Wertheim, sur ce sujet
ont été consignées dans un mémoire inséré dans le
tome **XXXI** de la 3ᵉ série des *Annales de chimie et de
physique*.

La largeur du tuyau entre dans les formules (1) et
(2), ce qui semble en contradiction avec les lois données par Savart, d'où il résulte que la largeur du tuyau
est sans influence sur la hauteur du son, quand l'embouchure occupe toute la largeur. Cette différence tient
à ce que Wertheim ébranlait les colonnes d'air à plein
orifice, tandis que pour la loi de Savart, l'ébranlement
de chaque tranche perpendiculaire à l'embouchure est
supposé avoir lieu sur un angle seulement

Influence de la grandeur de la bouche. — Les dimensions de l'embouchure, au moyen de laquelle on fait
vibrer les masses gazeuses contenues dans les tuyaux,
ne sont pas sans influence sur les sons produits. Le son
baisse quand la longueur de l'embouchure diminue.
Ainsi dans un tuyau cubique fermé, quand la bouche se
réduit à une petite ouverture placée dans l'angle, le
son qu'il rend est presque l'octave grave de celui qu'il

donne, quand la bouche occupe toute la longueur d'un
côté. Bernouilli avait remarqué que l'influence de l'ouverture sur la hauteur du son diminue, quand la longueur du tuyau augmente. M. Liskovius a aussi constaté
le même fait. La loi générale de cette influence n'est
pas encore connue. M. Liskovius a encore constaté qu'il
fallait que la longueur du tuyau fût au moins égale à
quatre fois le périmètre, pour que cette influence de
l'embouchure fût insensible. Enfin la pratique montre
que la hauteur de la bouche doit avoir une valeur déterminée pour chaque tuyau, afin de pouvoir rendre
facilement le son fondamental, avec le courant d'air
employé.

Tuyaux à anche.

Une ouverture fermée par une languette élastique
constitue une anche dans le sens le plus général du mot.
L'anche est battante si, sa longueur dépassant celle de
l'ouverture, elle s'applique sur les bords du contour de
cette ouverture ; elle est libre lorsqu'elle peut entrer dans
l'ouverture.

Dans la pratique l'anche battante est appliquée sur la
face plane d'un demi-cylindre en bois ou en métal évidé
suivant sa longueur et nommé rigole. Ce demi-cylindre
et la languette sont portés par un bouchon percé avec lequel on ferme l'une des extrémités d'un tuyau qui reçoit
par son autre extrémité l'air destiné à faire vibrer l'anche,
et qui est nommé porte-vent. Une tige de fer recourbée,
nommée rasette, permet de faire varier la longueur de la

partie libre de la languette. Au-dessus du demi-cylindre évidé, on ajoute ordinairement un tuyau en forme de cône, nommé tuyau d'harmonie qui, ainsi que le tube porte-vent, joue un rôle important dans le renforcement du son.

Dans l'anche libre, imaginée par M. Grenié, et que l'on attribue aussi à Sébastien Érard, la rigole est remplacée par une petite caisse rectangulaire, dont une des faces, en laiton, porte une petite fenêtre à travers laquelle peut passer librement la languette en en rasant les bords. Ce système d'anche serait connu des Chinois depuis fort longtemps, et employé dans l'instrument nommé *chin*.

Dans les tuyaux à anche, la production du son est beaucoup plus complexe que dans les autres tuyaux. Le fait caractéristique de leur emploi, est la possibilité de renforcer avec un même tuyau une série continue de sons obtenus en agissant sur l'anche seulement.

Le mécanisme d'un pareil système est évident. Lorsqu'un courant d'air est introduit dans le porte-vent, la pression tend à augmenter dans cet espace, et à faire mouvoir l'anche. Celle-ci dépasse, en vertu de la vitesse acquise, la position d'équilibre, et il se fait derrière elle une onde dilatée. Elle revient ensuite sur ses pas en vertu de son élasticité propre. Pendant ce temps, la pression augmente de nouveau dans le porte-vent, et bientôt l'anche chemine dans le même sens que dans le mouvement initial, et elle est encore sollicitée dans ce sens par l'action de l'air accumulé dans le porte-vent. Il y a donc établissement d'un mouvement périodique de vibration, et par suite production d'un son. Le mouvement vibratoire de la lame est entretenu par le courant d'air poussé dans le porte-vent.

Les quelques notions que l'on possède sur les tuyaux à anche sont dues à M. Weber. Dans le travail qu'il a publié sur ce sujet en 1823, il a étudié séparément le rôle de l'anche, celui du porte-vent, et enfin celui du cornet d'harmonie.

Lorsque l'anche est réduite au demi-cylindre sur lequel bat la languette, à cause de la communication du mouvement vibratoire à la masse d'air indéfinie qui l'entoure, les sons qu'elle produit sont d'une intensité très-faible, et n'ont pas ou n'ont que très-peu de rapport avec ceux que font entendre les tuyaux montés sur la même anche. L'anche n'est donc pas la cause du son, ou du moins elle ne participe pas seule à sa formation. Le son, d'ailleurs, n'est pas le fait du seul porte-vent qui, par lui-même, ne peut donner naissance qu'à une série discontinue de sons qu'il renforce à l'exclusion des autres.

Quelle est donc la cause véritable du mouvement vibratoire dans l'anche? Remarquons que lorsque l'anche, supposée battante, s'applique sur les bords de l'ouverture, le courant d'air est intercepté; au contraire, lorsqu'elle atteint la limite extérieure opposée de son excursion, l'air passe assez librement. Il se fait donc une interruption périodique d'un courant d'air. C'est évidemment là ce qui, comme dans la sirène, donne lieu à un état vibratoire périodique, c'est-à-dire un son. Ce mouvement ne ressemble en rien à ce qui a lieu à l'embouchure en flûte.

Il est clair que la nature du son ne sera point indépendante de la languette, car son élasticité propre n'est pas de nature à pouvoir être négligée. Mais le porte-vent exerce aussi une influence, car les dimensions de ce tuyau agissent sur l'état vibratoire de l'air inclus, et l'élasticité de la languette n'est pas assez grande pour qu'on puisse supposer qu'elle n'est pas influencée par la disposition des couches d'air voisines.

Il n'y a plus rien d'étonnant dans la continuité des sons qu'on peut obtenir en abaissant la rasette, car le porte-vent, considéré comme tuyau ouvert, ne communique plus ici des deux côtés de la même manière avec l'atmosphère; il est fermé par une lame douée d'une élasticité particulière, et on conçoit qu'il puisse exister une série de nœuds ayant dans le tuyau une position quelconque.

Rien ne porte plus à penser qu'aux environs de l'anche, le rapport de la condensation à la vitesse soit constant, en d'autres termes, cette anche pourra occuper soit la place d'un ventre, soit toute autre, soit celle d'un nœud ou les positions très-voisines d'un nœud; car l'anche ne peut demeurer immobile vis-à-vis du courant d'air. Donc, en admettant qu'il ne se forme qu'un seul nœud dans le porte-vent, entre ce nœud et l'extrémité simplement ouverte, il y aura une distance égale approximativement au quart de la longueur d'onde du son produit; mais de l'autre côté, entre l'anche et le nœud, il y aura une longueur que l'on ne peut déterminer, mais que l'on conçoit aisément devoir être en général différente du quart de la longueur d'onde.

Aucune théorie mathématique n'a encore été entreprise sur les tuyaux à anche, elle ne pourrait, en effet, être essayée qu'en supposant à la lame vibrante des propriétés fort incertaines dans l'état actuel de nos connaissances.

Nous rappellerons seulement les résultats empiriques de M. Weber, et nous expliquerons une particularité générale de la fonction du porte-vent et du cornet.

Soit une anche dénuée de porte-vent, mais munie d'un cornet d'harmonie ; mettons-la en rapport avec une soufflerie, après avoir donné à la rasette une position fixe. Quand le courant d'air passera, un son en résultera, et ce son sera toujours plus grave que celui que rend l'anche vibrant seule, et le degré d'abaissement de ce son dépend de la longueur du tuyau. Pour faire varier cette longueur, on se servira d'un tuyau à tiroir.

Soit $4a$ la longueur du tuyau ouvert monté en flûte, rendant même son que l'anche seule. L'addition du cornet ne produira qu'un abaissement très-peu sensible, tant que sa longueur ne dépassera pas $2a$; et en effet tant que ce cornet n'a pas atteint une longueur voisine d'une $\frac{1}{2}$ longueur d'onde, il ne peut se former de nœuds à l'intérieur. Le tuyau croissant de $2a$ à $4a$, la hauteur du son diminue sensiblement, et à $4a$, elle est un peu moins grande que le son $\frac{1}{2}$, 1 étant le son de l'anche seule, c'est-à-dire qu'alors, on obtient à peu près l'octave grave. Si on dépasse cette longueur $4a$ d'une petite quantité, le son reprend brusquement la valeur que lui donne l'anche seule, puis ensuite de $4a$ à $6a$ diminution lente; diminution rapide de $6a$ à $8a$, et à $8a$ le son produit est $\frac{3}{4}$, quarte grave, du son de l'anche seule; puis nouveau retour au son primitif, diminution lente jusqu'à $10a$, rapide jusqu'à $12a$, auquel cas le son est $\frac{5}{6}$ ou la tierce mineure, et une série d'oscillations du même genre, à la fin desquelles le son tend à s'abaisser de moins en moins à mesure que la longueur augmente.

À défaut de théorie complète, on peut du moins se rendre compte de l'abaissement du son par l'addition d'un cornet, l'anche et le cornet vibrant ensemble. Supposons une anche libre oscillant à l'intérieur d'un cornet. Dans le mouvement où elle tend à fermer l'orifice, elle produit devant elle, dans le tuyau, une condensation, et la pression qui en résulte est évidemment d'autant plus forte que l'espace auquel elle peut se communiquer dans un temps très-court est plus restreint; la condensation produite dans le tuyau est donc plus grande que celle qui aurait lieu dans l'atmosphère, par cette raison qui fait admettre une condensation nulle à la sortie d'un tuyau ouvert dans l'atmosphère. Lorsque l'anche revient sur ses pas, elle a à vaincre la résistance du courant d'air, résistance d'autant plus efficace qu'elle laisse derrière elle une dilatation. Ces deux causes se joignent donc pour diminuer la vitesse du mouvement que l'anche adopterait d'elle-même, l'on doit entendre baisser le son. Mais si l'anche est portée sur une boîte à vent, et au contact de l'atmosphère dans l'autre sens, l'anche et le tuyau ont un mouvement vibratoire commun. Lorsque l'anche s'abat, c'est sous l'action de l'air accumulé par le courant ; lorsqu'au contraire elle se relève, il y a derrière elle une dilatation et la pression extérieure, venant de l'atmosphère dont l'action ne change jamais, est encore dans le sens du mouvement. Il y aura donc accélération et par conséquent élévation du son. C'est ce que M. Weber a vérifié en prenant le tuyau unique dont son anche était munie, tantôt comme cornet, tantôt comme porte-vent.

Quand aux alternatives d'élévation et d'abaissement du son, lorsque la longueur du tuyau varie de 0 à $2a$, ou de $4a$ à $6a$, etc., M. Weber n'en a point étudié la loi, et on ne sait absolument rien de positif à cet égard.

Instruments de musique.

Les mouvements vibratoires des masses d'air, dans les instruments de musique, ont été peu étudiés, et la science ne possède pas encore de lois générales sur ces mouvements. Dans les uns, l'ébranlement de l'air est produit au moyen d'une embouchure de flûte ; dans les autres, au moyen d'une anche. De là, la division de ces instruments en deux classes : les instruments à embouchure de flûte, et les instruments à anche.

Instruments à embouchure de flûte. — C'est à cette classe qu'appartiennent la flûte traversière, le fifre, le syrinx, le flageolet. Si on considère en particulier la flûte, on voit que cet instrument rappelle par sa forme, et par le mode d'ébranlement de l'air, un tuyau sonore. On est donc porté à penser que les mouvements vibratoires doivent s'y faire comme dans ce dernier. Si, après avoir bouché tous les trous, on fait parler une flûte, elle rend successivement un son fondamental et ses harmoniques, comme dans les tuyaux ouverts. En ouvrant les trous, on obtient les sons intermédiaires aux harmoniques, s'ils sont pratiqués en dehors des ventres. Biot et Hamel ont prouvé, que non-seulement la position, mais encore la grandeur des trous avaient une influence marquée sur les sons que rend la flûte. Leur expérience est très-simple : Ils pratiquèrent une ouverture à l'endroit d'un nœud, dans un tuyau à bouche en carton ; et ayant fait rendre à ce tuyau le son fondamental, ils purent, en agrandissant l'ouverture circulaire, obtenir tous les sons de la gamme jusqu'à l'octave, qui se produisit quand l'ouverture eut atteint toute la circonférence. Savart a constaté que l'embouchure transversale contribue à la beauté des sons. Dans la flûte, les parois, participant aux vibrations, exercent aussi leur influence, et, en effet, le timbre des sons rendus change avec la nature de l'instrument.

Des considérations analogues peuvent s'appliquer aux autres instruments de cette classe.

Instruments à anche. — Les instruments compris dans cette classe, se divisent en intruments à anche proprement dits, ou à bec, et en instruments à bocal.

Parmi les instruments à bec, nous citerons la clarinette, le hautbois, le basson. Dans la clarinette, l'anche est une anche battante faite avec une lame de roseau.

et de plus, ce sont les lèvres qui jouent ici le rôle de rasette, c'est-à-dire qui servent à limiter la longueur de la partie vibrante. De même que nous avons rattaché la flûte aux tuyaux sonores, de même ces instruments peuvent se rattacher aux tuyaux à anche; comme dans ceux-ci, la colonne d'air vibre à l'unisson de l'anche. Les trous qu'ils portent servent à produire les mêmes effets que dans la flûte.

Dans les instruments à bocal, ce sont les lèvres du joueur qui remplissent le rôle d'anche en vibrant dans un cône creux, ou un hémi-phère, terminés par un tube, pour pouvoir s'adapter aux instruments. On peut observer facilement les vibrations des lèvres, au moyen d'une embouchure en verre. Ici encore, la colonne d'air vibre à l'unisson avec les lèvres, et cette coïncidence des vibrations s'obtient facilement, à cause de l'influence manifeste de la colonne d'air sur le mouvement des lèvres. Parmi ces instruments, citons le cor, la trompette, le clairon, le trombonne, etc. Le tube qui forme le corps de l'instrument est ordinairement en laiton ; il est légèrement conique, mais il se termine en s'évasant brusquement. Cette partie évasée, nommée pavillon, a une très-grande influence sur l'éclat du son. La cause de cette action du pavillon est encore inconnue.

Dans ces instruments, le tuyau qui en forme le corps tend à donner les harmoniques d'un tuyau ouvert. Pour leur faire rendre des sons intermédaires, on a recours à divers moyens. Pour le cor, on obstrue plus ou moins, avec la main, l'ouverture du pavillon. Dans le trombonne, on allonge ou on raccourcit le tuyau. Dans le cornet à piston, on augmente plus ou moins la longueur de la colonne d'air, en poussant, avec les doigts, des espèces de tiroirs. Enfin, dans l'ophicléïde, ce sont des trous qui, s'ouvrant ou se fermant à volonté, permettent de modifier les sons.

L'orgue, étant formé par la réunion d'un grand nombre de tuyaux sonores et de tuyaux à anches de dimensions différentes et variées, nous ne ferons que le signaler ici.

Appareil vocal.

L'homme, les mammifères et les oiseaux sont pourvus d'un organe spécial, le larynx, pour produire les sons qu'ils font entendre.

Chez l'homme, le larynx se compose d'une charpente solide formée par la réunion de plusieurs cartilages. Ces cartilages, au nombre de quatre, le cricoïde, le thyroïde et les deux aryténoïdes, sont réunis entre eux par des articulations et des ligaments. Le cartilage cricoïde, qui est un anneau complet, surmonte le dernier cartilage de la trachée, et forme, pour ainsi dire, la base du larynx. Le cartilage thyroïde le surmonte et s'articule avec lui sur ses côtés; les deux aryténoïdes le surmontent pareillement et s'articulent sur sa partie postérieure. Nous ajouterons à ces cartilages l'épiglotte qui peut s'appliquer au moment de la déglutition sur l'ouverture du larynx à la manière d'un couvercle. Des muscles qui prennent leurs insertions sur les cartilages servent à les faire mouvoir les uns sur les autres. Ces muscles sont :

le muscle aryténoïdien, les crico-aryténoïdiens posté-
rieurs, les crico-aryténoïdiens latéraux, les thyro-ary-
ténoïdiens et les crico-thyroïdiens. Les noms de ces
muscles indiquent sur quels cartilages ils s'insèrent.

Dans l'intérieur du larynx il existe des replis auxquels
on donne le nom de cordes vocales.

Il y en a deux paires : les cordes vocales supérieures
et les cordes vocales inférieures. Les cordes vocales supérieures, formées de faisceaux fibreux peu nombreux,
font à peine saillie dans l'intérieur du larynx. On nomme
quelquefois glotte supérieure l'intervalle qui sépare ces
deux replis.

Les cordes vocales inférieures sont beaucoup plus sail -
lantes que les précédentes. Elles ont la même direction
et les mêmes insertions que les muscles thyro-aryténoï-
diens, et sont formées par une partie de ces muscles et
par des fibres parallèles de tissu élastique. L'intervalle
qui les sépare l'une de l'autre constitue la glotte. La glotte
peut s'agrandir ou se rétrécir; ses bords peuvent se
tendre ou se relâcher. On y distingue deux parties :
l'une antérieure, bordée par les cordes vocales, l'autre
postérieure, comprise entre les cartilages aryténoïdes.
La première partie, membraneuse, plus étendue que
l'autre, est la seule qui serve à la production de la voix;
la partie postérieure, qui forme à peine un tiers de la
glotte, est plus spécialement en rapport avec la respiration.

L'espace compris entre les deux cordes vocales supérieure et inférieure d'un même côté est désigné sous le
nom de ventricule. Il y a deux ventricules dans le la-

rynx, un de chaque côté. Leur profondeur dépend de la saillie des cordes vocales, et ils présentent dans leur intérieur une arrière-cavité qui se prolonge jusqu'aux insertions de l'épiglotte. Nous bornerons là notre description, les notions précédentes étant suffisantes pour faire comprendre la production de la voix chez l'homme.

Le larynx est bien l'organe producteur de la voix; car c'est un fait bien connu que, quand l'air ne traverse plus cet organe, la voix se perd. Mais le larynx est un appareil compliqué, et l'on est porté naturellement à se demander quel est le rôle de chacune de ses parties constituantes dans la production de la voix. C'est ce dont nous allons nous occuper maintenant. Nous résumerons rapidement ce que l'on sait sur ce sujet, et nous enverrons le lecteur, pour plus de détail, au savant *Traité de physiologie* de M. le professeur Longet.

La bouche, l'arrière-bouche et les fosses nasales n'ont d'influence que sur le timbre et l'intensité du son, mais ne sont pas essentielles à la phonation.

1° Épiglotte.

Suivant Haller, l'épiglotte n'a aucune influence sur la phonation. Cette opinion a été confirmée par les expériences de J. Muller et de M. Longet. Ce dernier physiologiste pense que, participant au mouvement vibratoire de l'air, elle peut avoir de l'influence sur le timbre.

2° Cordes vocales supérieures.

Ces cordes vocales ne sont pas nécessaires à la production du son. En effet, les animaux chez qui elles ont été incisées, les autres parties du larynx étant intactes, continuent à pousser des cris très-aigus.

3° Ventricules du larynx.

Si l'on enlève sur un larynx d'animal vivant, de chien par exemple, l'épiglotte, les cordes vocales supérieures et les ventricules, et si on laisse les cordes vocales inférieures intactes, l'animal peut encore produire des sons, mais ce ne sont plus des sons continus, musicaux comme ceux qui constituent la voix ; ils ne sont plus comparables qu'au bruit produit par un gaz qui s'échappe par pression à travers une ouverture membraneuse.

Il résulte évidemment de ces expériences que les ventricules sont indispensables à la production complète de la voix. Ce sont eux qui, avec le tuyau laryngien susglottique, en constituent l'appareil renforçant.

4° Cordes vocales inférieures.

Ces cordes vocales sont indispensables à la production des sons dans le larynx. Toute lésion de ces organes qui en détruit les fonctions fait complétement perdre la voix. Si l'on fait une incision, même superficielle, à l'une des cordes vocales inférieures, toute production de son disparaît, et la voix se réduit à une espèce de râle. Ainsi l'intégrité de la glotte inférieure est tout à fait indispensable à la voix ; mais, d'après ce que nous avons dit en parlant du rôle des ventricules, seule elle n'est pas suffisante pour la produire. Nous citerons l'expérience suivante de M. Longet, qui prouve clairement le rôle du tuyau de renforcement dans l'appareil vocal : « Après avoir réduit le larynx d'un chien à la glotte inférieure seulement, nous avons pris des tuyaux de verre ou de caoutchouc vulcanisé, ayant environ le diamètre du larynx et pouvant donner, comme sons fondamentaux, à peu près la série des sons de la voix du chien. Un de ces tubes étant disposé sur la glotte, celle-ci s'est un peu entr'ouverte, et les sons ont acquis, à l'instant même et sous des pressions obtenues sans effort par l'animal, tous les caractères principaux des sons de la voix naturelle. En employant des tubes plus grands, nous avons eu, non plus le son fondamental, mais des harmoniques, de la même manière qu'avec un orifice de nature et de forme différente de l'orifice de la glotte. » Il résulte de ces expériences que la glotte est l'origine du son, que les ventricules et le tuyau laryngien sus-glottiques en sont l'appareil renforçant.

5° Espace inter-aryténoïdien.

Cet espace ne concourt pas à la production du son, car on peut le fermer sans empêcher l'animal de pousser des cris. Il sert à la respiration pendant l'émission des sons.

Nous pouvons maintenant nous rendre compte de la production des sons dans l'appareil vocal. L'air, en s'écoulant périodiquement à travers la glotte inférieure, met celle-ci en vibration; ces vibrations se communiquent à l'appareil renforçant, composé des ventricules et du tuyau laryngien sus-glottique, et donnent naissance aux sons qui constituent la voix (*). On sait peu de

---

(*) Le mouvement vibratoire des cordes vocales inférieures, pendant la production des sons de la voix, a pu être constaté directement au moyen

chose sur le timbre de la voix; il dépend en partie des cavités qui surmontent le larynx, car toute variation dans les dimensions de ces cavités le modifie. La hauteur dépend de la pression de l'air à sa sortie, et cette pression peut varier pour chaque son, entre certaines limites. L'intensité des sons de la voix dépend de la force du courant d'air et des dimensions de l'appareil renforçant; plus les cavités de cet appareil sont grandes et plus leurs ouvertures extérieures sont larges, plus la voix est sonore.

Quant aux lois des vibrations sonores, dans l'intérieur de l'appareil vocal de l'homme, elles sont encore tout à fait inconnues. Cependant la faculté qu'a l'homme de produire, surtout lorsqu'il chante, une série assez longue de sons ayant entre eux des rapports simples, porte à penser que, dans l'intérieur de son appareil vocal, l'air doit prendre un état vibratoire soumis, comme dans les autres instruments à vent, à des lois déterminées plus ou moins complexes; ces lois, la scienceparviendra peut-être plus tard à les connaître.

Si l'on cherche à rapprocher l'appareil vocal de l'homme des instruments à vent de la physique, on est conduit avec Savart à le comparer à un appeau surmonté d'un tube de renforcement.

Chez les animaux où l'appareil vocal consiste en une

---

du laryngoscope, appareil très-simple, dont la science est redevable à M. Manuel Garcia. Si, en effet, pendant qu'on observe un sujet au laryngoscope, on l'engage à parler, on aperçoit aussitôt la glotte inférieure se rétrécir de manière à devenir linéaire, et dès qu'il parle, on voit manifestement les cordes vocales entrer en vibration.

glotte simple surmontée d'un tube laryngien, la phonation se fait comme chez l'homme.

La production des sons, dans l'appareil vocal, n'a pas toujours été envisagée comme nous venons de le faire. Les physiciens et les physiologistes ont donné plusieurs autres théories de la voix. Ces théories ne nous paraissant pas fondées, nous ne pensons pas devoir les exposer ici, et nous renverrons encore au *Traité de physiologie* de M. le professeur Longet où elles sont exposées, et nous pouvons dire, réfutées d'une manière satisfaisante.

A. PARENT, Imprimeur de la Faculté de Médecine, rue Monsieur le Prince, 31.